Johann Schmidt

Cosmopolitische Briefe aus Genf

Von einem Freund der Wahrheit an die Freunde der Menschheit. Erster Teil

Johann Schmidt

Cosmopolitische Briefe aus Genf
Von einem Freund der Wahrheit an die Freunde der Menschheit. Erster Teil

ISBN/EAN: 9783743623798

Hergestellt in Europa, USA, Kanada, Australien, Japan

Cover: Foto ©Thomas Meinert / pixelio.de

Weitere Bücher finden Sie auf **www.hansebooks.com**

Cosmopolitische Briefe aus Genf,

von

einem Freund der Wahrheit

an

die Freunde der Menschheit.

Erster Theil.

Frankfurt und Leipzig.
1794.

Ἐὰν ὑμεῖς μείνητε ἐν τῷ λόγῳ τῷ ἐμῷ, ἀληθῶς μαθηταί μου ἐστέ· καὶ γνώσεσθε τὴν ἀλήθειαν, καὶ ἡ ἀλήθεια ἐλευθερώσει ὑμᾶς.

Ἰωάννης.

Vorbericht.

Herzerhebend muß es für den Freund des Wahren, für den Liebhaber des Sittlich-schönen seyn, wenn sein Zeitalter Männer aufweisen kann, die Muth und Talent besizen, die Wahrheit und das Wohl ihrer Zeitgenossen — der erste und lezte Zweck aller philosophischen Bemühungen und Meditationen — aufs Nachdrücklichste und Beste zu befördern. — — Solch ein Mann war Carl Bonnet, der durch sein großes Genie das Universum zum Gegenstande seiner sublimen Betrachtungen machte. Seine metaphysische Spekulationen verrathen überall den tiefdenkenden und ernsten Weisen, dem es bei allen seinen Arbeiten darum zu thun ist: durch treffende Darstellung und rührende Schilderung der Natur, auf den unendlichen Urheber derselben aufmerksam zu machen. — Wie glücklich entwickelte er seine Ideen! und immer fand er — nach seinem eigenen Ausdrucke — das Gewand so ihnen passend war. Das freundschaftliche Verhältniß, worinn er mit Haller stand, war für ihn eine Quelle vieler Freuden. Für den unsterblichen Leibniß hegte er die aufrichrichtigste Hochachtung, und fand in dessen Werken viel Uebereinstimmung mit seinen eigenen Ideen, was für ihn allerdings befriedigend und erfreuend seyn mußte.

Der Verfasser dieser Schrift hatte das Glück, zu einem Zeitpunkte in Genf zu seyn, wo — zu Ehren dieses erhabenen Philosophen — in seiner Vaterstadt ein öffentliches Fest gefeyert wurde, wobei Herr von Saussüre, sein Schüler und Neveu, in einer historischen Lobrede die Verdienste, die Carl Bonnet sich um Literatur und Humanität erworben — in der Kirche St. Germain von der Kanzel herab — seinen Mitbürgern darstellte. Sein glorwürdiges Andenken wurde — durch eine Inscription an seinem Häu-
se —

se — unvergeßlich gemacht. Das dauerhafteste Denkmal aber, hat uns der Weise von Genthod selbsten in seinen Schriften hinterlassen.

Diese Briefe sind das Resultat wirklicher Beobachtungen, sie sind das Produkt des dadurch veranlaßten Nachdenkens, und eines lebhaften, reinen und geübten Gefühls. Gleichviel wer der Verfasser ist, ob er alt oder jung, graduirt oder nicht graduirt ist; er trägt seinen Karakter im Herzen und nicht auf dem Kleide. Die Summe seiner Empfindungen, Beobachtungen und Gedanken wird er, in einer Reihe von Briefen, unpartheyisch und offenherzig mittheilen, und wird die Freunde der Menschheit, und die Verehrer der

Gott-

Gottheit, über die gegenwärtige Weltlage von einer neuen Seite aufmerksam machen; er wird ihnen Aussichten eröffnen, die für den Freund der Tugend entzückend und für das Heil der Menschheit unendlich wichtig sind. — — —

Durch einen besondern und admirablen Concurs von Umständen ward der Verfasser — dessen Name übrigens kein Geheimniß ist — in den Stand gesezt, diese Briefe niederzuschreiben, und glaubt Beruf dazu zu haben, sie öffentlich bekannt zu machen.

Der Zeitpunkt ist vorhanden, wo die Menschheit eine neue Prüfung auszustehen hat, und wo sie — wie das Gold im

— VIII —

Tigel — zu einer höhern Stufe von Vollkommenheit hinaufgeläutert werden soll.

Laßt uns einen Blick auf den gegenwärtigen Zustand unsers Planeten werfen!

Die Völker regen sich, ein Volk empört sich gegen das Andere, eine Macht streitet wider die Andere. Heer gegen Heer, Nation gegen Nation. Ein großes Volk führt Krieg mit der Monarchie, und verlangt Freyheit; die Monarchie geht zu Trümmern, und begehrt — in ihren Ruinen liegend — Hülfe und Beystand von auswärtigen Monarchien. Was werden diese mächtigen Hülfsleistungen für einen Erfolg haben? — Möchten es die Gewaltigen der Erde beherzigen: daß das Glück der Staaten nur auf der Zufrieden denheit und Ruhe der Völker gegründet ist! — —

Irreligiosität und Sittenverderbniß nehmen überhand; und wo die Tugend weicht, da wird das Laster herrschend. — Es ist hohe Zeit, daß sich die Allmacht fühlbar in die Angelegenheiten der Menschen mische, des Kriegs und Blutvergießens ist sonst kein Ende. — — — Man harre noch einen Augenblick, und erwarte zuversichtlich Hülfe und Erlösung; sie ist nicht ferne von uns, sie ist nahe da! —

Die Gränzen der Zeit und der Ewigkeit verlieren sich in einander, und das Leben unter der Sonne ist der Keim zu jenem über den Sternen; warum macht man sich den

Moment des sublunarischen Daseyns zur Quaal und Folter? — Hat nicht der gütige Schöpfer das Füllhorn seines Segens über alle ausgegossen? Warum beraubt man einander seines Eigenthums? — Wenn es leichter und rühmlicher ist zu rauben, als selbst zu erwerben; so machen uns die wilden Horden in Ost= und Westindien den Vorzug der Sittlichkeit und Cultur streitig. Unsere Erdkugel rollt im weiten Raume des Himmels in ununterbrochener Ordnung fort; warum ist unser dahinrollendes Leben so vielen Zerrüttungen und Unordnungen ausgesezt? — Warum wollen wir die Ordnung der Dinge umkehren? — Das Bild der Gottheit strahlt uns aus den Sphären und aus dem Abgrund entgegen; warum hängen wir uns

an

an Gözen und machen uns einen Abgott? — Wenn man die Tugend lieb hat, so lasse man das Laster fahren! und was ist liebenswürdiger als die Tugend? — —

Freunde der Menschheit! Männer von Geist und Herz, trettet hervor, und lasset euer Licht leuchten! Seyd der Stimme der Wahrheit günstig; befördert und verbreitet sie durch eure thätige Beihülfe! —

Und du, o hochgelobter Sohn Gottes! Jesus Christus! Sey — als Repräsentant der Gottheit — dem Erdball, deinem erworbenen Königreich, mit allmächtiger Hülfe und göttlicher Unterstüzung fühlbar nahe, und zeige dich der leidenden Menschheit in deiner ganzen Kraft und Majestät!!!

Die

Die hohe Schule war für den Verfasser der cosmopolitischen Briefe nicht nur der Ort, wo er die Fundamente der Wissenschaften kennen lernte, sondern sie ist auch der Ort, wo er die vortreflichsten Männer fand. Der Aufenthalt auf derselben, ist für ihn die reizendste und interessanteste Periode seines Lebens, wo er seine Zeit und Kräfte auf Untersuchung der Wahrheit — in so fern sie ein Gegenstand des Menschenfreundes ist — verwendete. Glücklich! wenn es ihm gelungen ist, die ewigen Principien derselben zu enthüllen, und dadurch zum Wohl der Menschheit das Seinige beizutragen.

Philaleth.

Erster Brief.

Genf, den 25ten Julius 1793

In der Beschreibung meiner Reise durch die Schweiz, und in Erzählung der Vorfälle und Begebenheiten auf derselben, habe ich um so weniger Ursache weitläuftig zu seyn, da ich von Station zu Station mit der Geschwindigkeit gallopierender Pferde, unaufhaltsam durch dieses colossalische Land forteilte, und also nicht im Stande war, viele Beobachtungen zu machen; worauf ich aber gerne Verzicht thue, weil wir ohne dieß schon von andern Reisenden die treflichsten Bemerkungen und Nachrichten über dieses merkwürdige Land erhalten haben. Donnerstags den 18ten Julius dieses Jahrs, reiste ich Abends um 7 Uhr mit dem Postwagen von Tübingen ab; meine Reisegesellschaft war zahlreich, und für mich

A wie

wie auserlesen. Kaum hatten wir die Stadt hinter uns, als plözlich ein Donnerwetter ausbrach, das über die schwäbischen Alpen, an deren Fuße wir hinglitschten, wie ein tobendes Ungeheuer fürchterlich herzufallen schien. Unter diesen Schrekken der Natur näherten wir uns allmählig der Residenz des Fürsten von Hechingen, wo wir Nachts um 11 Uhr ankamen und die Postpferde wechselten. Das Gewitter hörte endlich auf zu toben; der Himmel wurde ruhig; die Natur um uns herum ward erfrischt und in Schlummer eingewiegt, und die Sommernacht war melancholisch still und heiter. Wir hatten den unschuldigen Hörnerträger, den freundlichen Mond, zu unserm leuchtenden Leitstern; er machte uns die Nacht durch sein mildes Licht, durch seinen Silberglanz zur reizenden Schöne. Die überschatteten Gefilde des Erdballs lachten uns, gleich einer holden Brunette, die einen durchsichtigen Schleyer, einen verhüllenden Flor, über ihr reizendes Angesicht hat herabfallen lassen, triumphirend entgegen. Bey Tages Anbruch erreichten wir Bahlingen, ein Wirtembergisches Städtchen; hier frühstückten wir, und ließen vier von unsern Reisegefährten zurück; bis das Frühstück zubereitet war, machte ich mit einem meiner Reisegefährten eine Promenade auf der südöstlichen Seite des Städtchens ausserhalb

dem

dem Thore; hier begrüßte ich die aufgehende Sonne mit einem Morgenopfer, das ich mit ihren ersten Strahlen auf den Flügeln der Morgenröthe in das Gebiet der Lichtregionen an den Thron der ewigen Allmacht jauchzend hinüberschickte, und meine Preis= und Dankempfindungen an den Stufen dieses allerheiligsten Thrones wonnetrunken niederlegte. Nach Verlauf einiger Stunden reisten wir von hier wieder ab, und hatten bald darauf das lebhafte Vergnügen, die mit Recht gepriesene Baar zu erblicken, und uns mit Leib und Seele an diesem, zwar kleinen, aber desto schöneren, Landstriche zu ergözzen. Nun kamen wir auf eine andere Station, nach Altingen; es war Nachmittags 3 Uhr, als wir vor dem Posthause ankamen. Welchem Fremden, der nur ein wenig Beobachtungsgeist besizt, sollte die seltsame Kleidertracht der Mädchen und Weiber dieses Orts nicht auffallend seyn? Wir ergözten uns an ihren naiven Ausdrücken und Einfällen, an ihren originellen Manieren, und an ihren nicht mißfälligen Reizen. Wir kamen kaum aus dem Thale der Steinlach, und hatten dort nicht minder seltsame Trachten und Manieren gesehen, die für jene holden Thalbewohnerinnen karakteristisch und einzig sind. Doch schien uns Altingen, diesen Punkt betreffend, noch bedeutender zu seyn;

rothe

rothe Strümpfe, ein schwarzer Rock der kaum bis an die Knie reicht, und hinaufgeht bis unter die Brüste, ein voller, ausgestopfter und wohlgarnirter Busen, ein paar derbe Waden, ein paar geflochtene Haarzöpfe, die oben am Scheitel hervorsprossen, und bis an die Knie hinabhängen, eine schwarze Pelzmüze oder einen Strohhuth auf dem Kopf, ein heiteres, sprechendes und rundes Gesicht, und ein paar einladende röthliche Wangen; dieß alles zusammen sagte uns: daß wir auf dem Schwarzwalde seyen; daß wir die Mädchen der schwäbischen Alpen vor uns haben. Ein hübsches Bauernmädchen dieses Orts labte uns an diesem heißen Tage mit einer kühlenden Milch. Nach Verfluß einer Stunde bestiegen wir den Reisewagen, und verließen ungern einen Ort, der so ganz das Gepräge der alten und unveränderten Sitten und Gebräuche an sich trägt, der, entfernt vom Geräusche der sittenverderbenden Städte, unverkennbar mit dem Stempel der bibern Geradheit und ächten Einfalt gezeichnet ist. Izt paſſirten wir einige ansehnliche vorderöſtreiſche Dörfer, und näherten uns dem Heuberge, der, wie der Jura, zwar minder gros, aus einer Kette von Bergen zusammengeſezt ist. Abends um halb acht Uhr erreichten wir Duttlingen; speißten dort zu Nacht; machten uns nach Tische

wieder

wieder reisefertig, ließen aber zwey Paſſagiere zurück, ſo, daß jezt unſere ganze Caravane auf fünf Perſonen, den Conducteur und Poſtillion mit eingerechnet, reducirt ward.

Die Anhöhe vor Duttlingen beſtiegen wir zu Fuße; und hatten durch einen nähern Fußpfad die Höhe erreicht, ehe der Poſtwagen langſamen Ganges uns wieder zu Geſichte kam. Mittlerweile machte der Conducteur, unſer braver Geleitsmann, eine Excurſion in ein nahes Wäldchen, um die Haſen der Gegend aufzuſchrekken, und wo möglich einige mit den Schrotkörnern zum Stillſtande zu bewegen. Innig froh, den Berg beſtiegen zu haben, blieb ich iſolirt auf der Spize deſſelben ſtehen, und erwartete den nahen Untergang der weſtlichen Sonne. Still und heiter war der Abend; rein und kühl die Luft; der Himmel unbewölkt; die bevorſtehende Nacht vor der Thür, und die ganze Natur ſchwieg und horchte. Das Licht des Tages verließ den öſtlichen Horizont, und eilte den abendländiſchen Gefilden, den Bewohnern der neuen Welt hochſtrahlend entgegen. Welch ein Wechſel von Licht und Finſterniß! dachte ich: die Nacht iſt ein Antipode des Tags; die Finſterniß eine Antagoniſtin des Lichts; eben ſo, wie der Amerikaner ein Gegenfüßler des

Europäers, der Südpol ein Antipode des Nordpols ist. Der Wagen rückte allmählig heran; wir stiegen ein, und langten unter vielen Rippenstößen, und unter den Fittigen der mondhellen Nacht, über Berg und Thal in den Wildnissen von Engen an. Man glaubt, den steilen Berg hinabfahrend, in die Eingeweide der Erde einzubringen, die hier wie eine Kluft gespalten ist. Mich wandelte, durch die Folter des Postwagens verursacht, eine kleine Unpäßlichkeit an; ich stieg also aus, ging zu Fuß einen Theil des Berges hinab, und sah mich unten, von schrökkenden Felsen bedroht, in eine schwarze Waldnacht vergraben, und von den Schrekken der Natur überall umgeben. Engen ist ein zwischen Wald und Felsen eingeschlossenes Städtchen; Nachts um 11 Uhr kamen wir dort an, und erhohlten uns ein wenig von den Beschwerlichkeiten der nächtlichen Reise. Bis hieher hatte ich mich einschreiben lassen, in der Absicht, von hier seitwärts nach Costanz zu gehen, und den Bodensee zu sehen. Allein der so eben eingefallene Regen, und die dadurch verursachte Schwierigrigkeit, zu Fuße dahin zu gelangen, bestimmten mich, mein Vorhaben abzuändern, und meine Reise vollends nach Schafhausen auf dem Postwagen fortzusezzen. Hier in Engen bekamen wir

zween

zween Reisegefährten: der eine, ein junger Mensch, kam von Ulm und ging nach Bern, um dort als Lehrling in eine Buchhandlung zu tretten; der andere, ein Bayer, kam aus seinem Vaterlande, das er bey seiner Zurükkunft aus England im Vorbeygehen besucht hatte. Er ist ein Uhrmacher, und hielt sich mehrere Jahre in Genf auf; alsdann ging er nach London; blieb dort einige Zeit, und geht nun wieder nach Genf zurück. Sechs Wochen vor dieser heutigen Zusammenkunft sah ich ihn in Stuttgart, speißte mit ihm dort zu Mittag, gerade als er aus England zurükkam. Er erkannte mich sogleich, und ich hatte das Vergnügen, mich zu erinnern, daß ich ihn damals gesehen habe. Diesen Umstand konnte ich nicht unbemerkt lassen, weil dieser junge und wackere Mann mein Reisegefährte durch die ganze Schweiz bis nach Genf blieb. Seine Reisen und sein langer Aufenthalt in Genf, dieser in jedem Betracht merkwürdigen Stadt, haben seinem Karakter eine gewisse Politur und Selbstständigkeit, seinen Sitten eine gefallende Anmuth und seinem Geiste eine Gewandtheit und Reife gegeben, die ihn im Umgange zum angenehmen und unterhaltenden Gesellschafter machen. Um Mitternacht verließen wir diese Station; der Regen verlor sich nach und nach; die Elemente waren ruhig;

ruhig; und die kurze Sommernacht verschwand, noch ehe wir jene Anhöhe erreicht hatten, wo man die Festung Hohentwiel zu Gesichte bekommt. Ein schöner und reizender Morgen! Welch ein herrlicher Anblick! Die Bergfeste, jenen gigantischen Felsen zur Seite, in das Gold des Morgens gehüllt, der neben den Schrecknissen der Natur den undurchbringlichen Panzer des brüllenden Krieges an sich trägt; und der das ganze, um ihn her verbreitete und zu seinen Füßen liegende Land, wie ein Schuzgott bewacht, mit seinen schröffenden Augenwimpern überschaut, und unüberwindlich in diesen Revieren herrscht und regiert. Izt waren wir schon in höheren Regionen; wir waren auf den lachenden Gefilden, die mit der erhabenen Schweiz parallel liegen. Die Zeit der Erndte war da; die Saatfelder prangten in ihrer goldenen Fülle, und die Brodzeugende Kornähre erwartete schmachtend die Hand des jauchzenden Schnitters.

Victoria!

Die Schweiz ist da!

Und alles rief:

Victoria!

Land

Land der Natur und Freyheit! In dir athmen wir reine Bergluft; und anerschaffenes Freyheitsgefühl durchdringt unser ganzes Wesen! Dieß war der Morgengruß, womit wir die Natur, womit wir das glückselige Helvetien zum erstenmal triumphirend begrüßten! Der neuerwachte Erdball hört' es an und hüpfte; die aufgehende Sonne verdoppelte ihren Glanz; und die Herrlichkeit dieses Morgens wetteiferte mit der Majestät des glorisen Himmels!

Entflohen ist die Dunkelheit;
 Entwichen ist die Nacht.
Des Sommermorgens Herrlichkeit
 Enthüllet sich voll Pracht!

Und Himmel, Erd und Luft und Meer,
 Und jede Kreatur;
Ein Millionen großes Heer,
 Im Umfang der Natur;

Erwachen zu des Schöpfers Preis.
 Ihm jauchzet alles zu,
Ihm dankt der Jüngling und der Greis,
 Für Schlaf und Nacht und Ruh.

Ihn preiset auch mein Frühgesang;
  Mein Lied sey ihm geweiht.
Wie stark ist meines Herzens Drang!
  HErr, sey gebenedeyt!

Du bist mein Gott und Vater, du!
  Mein Schuz und starker Hort.
Dir jauchzen Erd und Himmel zu!
  Dich preis ich fort und fort!

Du bist ein Gott der Huld und Macht!
  Du liebst ein dankend Herz.
Mein Geist ist munter und erwacht,
  Und schwingt sich himmelwärts.

Dich bet ich unaufhörlich an,
  O Himmels = Majestät!
Denn dir ist alles unterthan;
  Wie hoch bist du erhöht!

Wo ist ein König, groß wie du,
  Der Recht und Wahrheit liebt?
Kommt, Brüder, kommt, und eilt herzu!
  Er ists der Freyheit gibt.

In

In seinem ganzen Königreich,

— Gott, alle Welt ist dein —!

Soll alles frey und alles gleich,

Und alles glücklich seyn!

Glückliche, dreymal glückliche Stunde! Worinn ich mich meines Daseyns unaussprechlich freute. Wie wahr, wie unwidersprechlich wahr ist es: daß man mitten im Lande der Freyheit ein Sklave, und mitten im Lande der Sklaverey frey seyn kann! — Freyheit ist der Zankapfel, der Stein des Anstoßens und das Feldgeschrey, in unsern gegenwärtigen Tagen. Freyheit! Freyheit! erschallt von Mund zu Mund; von Ort zu Ort; von Land zu Land; von Zone zu Zone; Freyheit! Freyheit! schallt aus den blutigen Gefilden des westlichen Europa's. Freyheit! Freyheit! ist der gewaltige Widerhall des entfernten Osten.

Freyheit! Triumphirende Freyheit! Erhabene Tochter des Himmels! Freyheit, womit uns Christus befreyet hat, nur du bist die wahre Freyheit! Du bist das Eigenthum jedes vernünftigen Wesens! Die Wahrheit ist deine göttliche Schwester; und Weisheit und Tugend sind das belebende Princip, und die beglückende Quelle, aller zur Unsterblichkeit beseelten Geschöpfe! —

Wir

Wir erreichten unter den angenehmsten Gesprächen, und unter Empfindungen, die für uns neu und herzerhebend waren, das erste schweizerische Dorf. Hier machte der Postwagen Halt; wir stiegen aus und ließen uns ein Frühstück geben, das eben so genugthuend als erwünscht war. Nach einem kurzen Aufenthalte, sezten wir uns wieder in den Wagen, und erreichten in weniger als zwey Stunden das merkwürdige Schafhausen. Wir logirten sämmtlich im Gasthofe zur Krone, dem vorzüglichsten Wirthshause hiesiger Stadt. Morgens um 8 Uhr kamen wir an, und besahen vor Tische die Merkwürdigkeiten der Stadt; waren aufmerksam auf die Sitten und Gebräuche der Einwohner und auf ihr Gewerbe. Sprache und Lebensart und alles andere sagte uns: wir seyen in der Schweiz. Nach Tische entschlossen wir uns, den Rheinfall zu sehen. Hier fängt eine neue Epoche meines Lebens und meiner Ideen an! diese Stunde hat sich unauslöschlich tief in meine Seele eingegraben; tiefer, als der schwarze Abgrund ist, den der fürchterliche Sturz des Rheins in seinem wildschäumenden Becken verursachte! Einziges und schauervolles Schauspiel der Natur! wer kann dich würdig schildern?

Den

Den Erdball nehm ich selbst zum Zeugen
    Von dieser wilden Majeſtät!
Die Menſchheit muß hier ſtaunend ſchweigen,
    Wo die Natur zu Trümmern geht!

Ein fürchterliches Wuthgebrülle
    Erſchüttert das gewundne Ohr;
Und Leib und Seel, Verſtand und Wille
    Erbeben wie ein ſchwaches Rohr!

Und plözlich ſcheint die Welt verſchwunden,
    Wenn man nach dieſem Sturze blickt;
Man fühlt ſich ſelbſt hinein gewunden
    Ins Chaos, das vor ſich erſchrickt.

Der Rhein hört ſtrömend auf zu lauffen;
    Hier tobt er wider die Natur;
Er ſcheint im Abgrund zu erſauffen;
    Es zittert jede Kreatur!

Wenn die Planeten trümmernd krachen;
    Wenn ſtürzend ſie zu Grunde gehn:
So werd ich ihres Sturzes lachen;
    Ich hab den Sturz des Rheins geſehn!

Wenn

Wenn tausend Welten einst zertrümmern;
: Und wenn das Chaos selbst erschrickt:
So wird dieß alles mich nicht kümmern;
: Ich hab den Sturz des Rheins erblickt!

Und wenn die Hölle bebt und zittert;
: Und wenn der Abgrund sich entsezt:
So steh ich fest und unerschüttert;
: Mich hat der Sturz des Rheins ergözt!

Wenn Berg und Hügel einst zerspalten;
: Wenn die Natur zu Trümmern geht:
So lach ich dieser Schreckgestalten;
: Ich sah des Rheinfalls Majestät!

Hinweg mit kleinlichen Gedanken!
: Hinweg mit der Sophisterey!
Der Geist durchbricht des Zwanges Schranken,
: Und handelt gros, und handelt frey!

Er wird sich zu den Sternen schwingen;
: Ein Wesen göttlicher Natur!
Wird jauchzend durch die Himmel dringen;
: Zum Ausfluß jeder Kreatur!

Die

Die Ewigkeit ist sein Entzücken!
Die Gottheit ist sein Lobgesang!
Der Jubel ist nicht auszudrücken!
Er höret dort der Harfen Klang.

Wohlan! die Allmacht hat gesprochen:
„Es werde!„ plözlich ward das Licht!
Das Licht, das Licht hat durchgebrochen!
Die Wahrheit aus dem Himmel spricht!

Den andern Morgen, es war Sonntag, fuhren wir mit einem Kutscher, der retour nach Basel ging, über Zurzach nach Brugg; dort logirten wir im Rößlin, wo man recht gut bewirthet und billig behandelt wird; wir legten uns bey Zeiten schlafen, und Montags stund ich etwas frühe auf; ließ meine Reisegefährten im Schlummer liegen, und nahm mir vor nach Königsfelden zu gehen. Es war ein lachender und schöner Morgen! Millionen Thautropfen lagen wie Perlen auf dem mannigfaltigen Grün der erwachten Natur. Ich sahe was ich sehen wollte, und kam froh und heiter mit einem Herzen voll Dank und Anbetung in meine Herberge zurück. Nach eingenommenem Frühstück machten wir auf meinen Vorschlag eine Excursion auf das benachbarte, in

seinen

seinen Ruinen liegende Schloß Habsburg; der Weg dahin führt durch ein anmuthiges Wäldchen; wo uns Vogelgesang und Blattgelispel ein liebliches Naturconzert hören ließen. Jzt waren wir am Ziele unserer Wallfahrt; der Berg war erstiegen; und wir waren im errungenen Besize des grauen Bergschlosses, wo verwesendes Alterthum beym ersten Anblick sich überall verkündigt; Zerstörung und Hinfälligkeit sind, wie wir wissen, das unvermeidliche Loos aller Werke der Natur und Kunst. Ein graubärtiger und biderer Schweizer ist gegenwärtig Resident von diesem fast tausendjährigen Bergschlosse: in der Qualität eines Hochwächters führte er uns überall herum. Wir genossen von diesem erhabenen Standpunkte die weiteste und schönste Aussicht. Berge, Flüsse, Schlösser und Dörfer wußte er wie eine Landcharte zu benennen; und war also im Stande, unsere Neugierde, die jeden Fremdling auf solch einem merkwürdigen Observatorio unwillkührlich anwandeln muß, vollkommen zu befriedigen. Wir mußten uns mit Gewalt von dieser ehrwürdigen Stelle losreissen, die uns tausend Schönheiten der Natur mit einem Blicke überschauen ließ. Auf unserm Rückwege lag uns das Kloster Königsfelden zur Seite; wir gingen dahin und ließen uns das Zimmer und die Schazkammer jener unmenschlichen

Königin

Königin zeigen, die aus Habsucht und Grausamkeit eine Menge der treflichsten Ritter dahinwürgen ließ. Man sieht diese Schlachtopfer der Tyranney in der Kirche der Reihe nach kniend abgebildet; und verläßt nicht ohne inniges Mitleiden, und gerechten Unwillen über die blutdürstige Barbarin, diesen sehenswürdigen Ort. Izt war es um die Mittagsstunde; wie konnte es uns heute nach einer solchen Bergreise an Eßlust fehlen? Nach Tische gingen wir auf das Postcomtoir und ließen uns bey Herrn Zimmermann auf die Diligence bis nach Genf einschreiben.

Nach Genf! Dem vorgesteckten Ziele.
Nach Genf! Dem auserwählten Ort.
Dort kostet' ich der Freuden viele! —
Und Licht und Wahrheit fand ich dort! —

Abends um 7 Uhr bestiegen wir den Reisewagen, kamen noch vor Sonnenuntergang nach Schinznach, und eilten bei einbrechender Nacht über Berg und Thal unaufhaltsam nach Arau fort. Schönes, holdes Städtchen! Sey mir gegrüßt um meines Freundes willen, der in dir gebohren ist; sey mir so unvergeßlich, wie seine zärtliche Freundschaft! Nach einem halbstündigen Aufenthalte fuhr der Wagen wieder ab; wir hatten

ten den wohlthätigen Mond zu unserem Leitstern; sein sanftes und unumwölktes Licht machte uns die Nacht zur Dämmerung; die Gefilde Helvetiens wurden uns dadurch sichtbar, und die ganze Natur prangte in ihrer nächtlichen Majestät. Um Mitternacht langten wir in Aarburg an; welch ein gewaltiger Felsen, worauf die Veste erbaut ist! Nach gewechselten Pferden eilten wir ritterlich davon, und überließen uns einem unwiderstehlichen aber oft unterbrochenen Schlummer. Morgens um 4 Uhr erblickten wir die Schneeberge, und um 8 Uhr waren wir vor den Thoren Berns. Fürwahr eine reiche und prächtige Stadt! Eine Stadt, von welcher sich viel Schönes und Wichtiges sagen läßt.

Natur und Schönheit, Pracht und Sitten
    Wetteifern um des Fremdlings Gunst;
Die Schönheit hat den Rang erstritten;
    Die Schönheit der Natur und Kunst!

Unser vierstündiger Aufenthalt war kaum hinreichend, die Merkwürdigkeiten der Stadt kennen zu lernen.

Geh,

Geh, deutſcher Jüngling! geh nach Bern;
Dort lebt' ein weiſer Mann;
Wer nennt nicht einen Haller gern,
Der Weisheit zugethan?

Er iſt der Deutſchen Stolz und Ruhm,
Heil dir Germania!
Ein Haller iſt dein Eigenthum.
Ein Haller war einſt da!

Ein Mann, voll Geiſt und voll Verſtand;
Ein Wunder ſeiner Zeit;
Sein Nam' erſcholl von Land zu Land;
Ihn krönt Unſterblichkeit!

Die göttliche Religion
War ſeines Herzens Luſt;
Er trug im Erdenleben ſchon
Den Himmel in der Bruſt!

Die Zeit zur Abreiſe war da; wir ſpeißten in der Krone zu Mittag, und ſezten uns um 1 Uhr mit vermehrter Geſellſchaft in den Reiſewagen. Es war ein heißer Sommertag; wir hatten von
nun

nun an bergigtes Land, und waren nach einigen Stunden in Murten, und somit in der welschen Schweiz. Mein vortrefflicher Reisegefährte, Herr Dösch, machte mich sogleich auf den Murter=See und auf das dabeiliegende Beinhaus aufmerksam. Was soll man von diesem Knochenhügel sagen?

Hier liegt ein überwundnes Heer
  Von stolzen Freyheitsfeinden!
Von Pol zu Pol, von Meer zu Meer,
  Sey Heil den Freyheitsfreunden!

Die Freyheit an der Tugend Hand,
  Gebührt den Menschenkindern!
Das schönste Gut für jedes Land!
  Wer will, wer kann es hindern?

Die Hize des Tages machte uns die säuerliche Frucht des Kirschbaums, die wir gesellschaftlich kosteten, und die ich in Bern zur balsamischen Kühlung eingekauft hatte, doppelt schäzbar. Der heiße Nachmittag löste sich allmählig in eine erquickende Abendkühle auf, und die Regentin des Tags, die glühende Sonne, schlich sich, wie gewöhnlich, in ihre westliche Schlafkammer, hüllte ihre blendenden Reize in den Schleyer der Nacht,
          und

und ließ die östliche Erdkugel in ihrem eigenen Schatten dahinrollen. Aber auch wir rollten auf den geflügelten Rädern von einer Station zur andern; von Avenche, wo wir zu Nacht speißten, auf Payerne; von da nach Moudon; und endlich, den Jorat hinab, rollten wir im Angesichte des Himmels und der Erde dem Zauberlande der Natur, den schönsten Gefilden des hüpfenden Erdballs, triumphirend entgegen! Der volle Mond stund gerade über dem See von Geneva, und warf seinen Silberglanz auf die Spiegelfläche des reizenden Lemans *). Die ganze Natur beobachtete ein majestätisches Stillschweigen; die halbe Welt schlummerte; Stille und Dunkelheit, die Schwestern des Schlafs, herrschten rings um uns herum; und alles harrte auf ein neues Erwachen der stillschweigenden Natur! Um Mitternacht wechselten wir in Lausanne Wagen und Pferde; bekamen ein Frauenzimmer aus Genf zur Reisegefährtin, und eilten, wie auf den Fittigen des Windes, dem Ziele unserer Reise, den Hallen Geneva's, über Morges, Rolle, Nion und Copet frohlockend entgegen. Den Jura zur Rechten, die Alpen Savoyens zur Linken, den See

---

*) Leman, oder Genfer=See, sind gleichbedeutende Worte.

in der Mitte, fuhren wir längs dem mit Luna's Klarheit übergossenen Leman von Station zu Station. Die Stunden der kurzen Sommernacht wurden allmählig von der hervortrettenden Morgenröthe verdrängt, und traten bescheiden in ihre unterirrdische Wohnung zurück; und Aurora schwang sich auf den Gefiedern ihrer gloriösen Herrlichkeit, mit einer Majestät die alles Irrdische übertrifft, triumphirend zu dem Throne der allesbelebenden Natur empor!

Zweiter

Zweiter Brief.

Genf, den 25ten Jul. 1793.

Victoria! Nun bin ich im Lande der Wahrheit; im Reiche der guten Sitten und der Cultur! Geneva! Du bist ein freyer Staat; eine herrliche Republik! Um dich herum zeigt sich die Natur in ihrer ganzen Größe und Majestät! Wohlan; in dir will ich die **Wahrheit** suchen! In dir will ich sie finden! Auch du hast gegenwärtig den Kampf der Freyheit zu kämpfen! Lux post Tenebras: ist dein Motto; ist die Inschrift deines Wappens! **Das Licht nach der Finsterniß:** ist dein Wahlspruch; ist dein vortreffliches Symbolum! So gleich geh' ich an mein Tagewerk! So gleich schreite ich zum Zwecke, und gehe dem vorgesteckten Ziele mit siegprangendem Muthe frohlockend entgegen! Alle Welt liegt

liegt im Argen! Die Boßheit nimmt überhand! Die Gerechtigkeit ist ausgewandert, die Liebe ist verloschen; und Feindschaft, Falschheit und Tyranney sind an ihre Stelle getretten! Die Menschheit ist unterdrückt und seufzt! Das Blutvergießen nimmt kein Ende; und die Stimme der Wahrheit blieb bisher im Verborgenen; ließ sich bisweilen hören; schwieg einen Augenblick; und tritt nun mit verklärter Herrlichkeit in ihrer ganzen Stärke und Kraft, in ihrer vollen Majestät, an das Licht des Tages unüberwindlich hervor! Die Allmacht ist dem Erdball nahe; ihr Sieg ist gewiß; und ihr Lob wird durch alle Zonen triumphirend erschallen. Dank und Anbetung, Preis und Jubelgesang ertönen um Sie her! Gerechtigkeit und Friede sind in ihrem Gefolge; ewigen Segen gibt sie zur Belohnung; und ewigen Fluch zur Strafe! Sie straft den, der Strafe verdient; und belohnt, wer des Lohnes würdig ist!!!

Von Wahrheit und von Recht, von Schönheit und von Liebe

Ertönt und handelt diese Schrift!

Von Frieden und von Krieg sprech ich aus innrem Triebe.

Auf, Menschenfreunde! Lest und prüft!

Die

Die **Gottheit** tritt hervor! Sie wandelt auf
der Erden;
Und ist den Menschen fühlbar nah!
Und ihre Majestät wird laut verkündigt wer-
den;
Durch Jubel und Victoria!

Ihr Menschen! Merket auf! Es läßt sich hier
nicht scherzen;
Der Richter ist vor eurer Thür!
Verändert euern Sinn; und dienet Gott von Her-
zen!
So seyd ihr glücklich für und für!

Dritter

Dritter Brief.

Am Abend deſſelbigen Tages.

So biſt du denn, holdſelige Stadt, einziges Geneva, ein Schauplaz der Empörung und Zwietracht, gleich einigen andern großen und mächtigen Staaten von Europa! Lange ſchon loderte der Funke des Zwiſtes und der Unzufriedenheit unter der glimmenden Aſche; lange ſchon war das Gebäude des Staates dem Einſturz nahe; lange ſchon ſchwankte das zerrüttete Schiff dem Abgrunde entgegen! Ruder, Maſt und Segel verſagten ihre Dienſte; ein ſtürmender Orcan brach plözlich aus den Fluthen des weſtlichen Oceans hervor; die ſchwarze Nacht begünſtigte ſeine Wut; der Himmel ſandte ſeine Boten des Schreckens; die Sturmwinde heulten; die Finſterniſſe wurden undurchdringlich; die Hölle öffnete ihren infernaliſchen Rachen; die Blize durchkreuzten einander unter dem Gebrülle der tobenden Donner; der

Erd=

Erdball zitterte; die Elemente empörten sich;
Grauen und Entsezzen sprachen aus jedem belebten Wesen; die Menschheit blutete: der Himmel sah es an und seufzte; die Hölle frohlockte; und die Gottheit schwieg still!

Sind Lieb' und Recht und goldner Frieden
    Denn gar nicht mehr auf dieser Welt?
Ist nichts als Haß und Streit hienieden?
    Thut jeder nur was ihm gefällt?

Ist denn die Menschlichkeit verschwunden?
    Ist brüderlicher Sinn dahin?
O Menschheit! Dieß sind tiefe Wunden;
    Wie viel Verlust, und kein Gewinn!

Wie groß ist nicht die Noth auf Erden!
    Welch Elend! Welch ein Jammerthal!
Die Menschen wollen glücklich werden;
    Und stürzen sich in Noth und Quaal!

O! Welch ein fürchterliches Toben!
    Ist nicht der Satan selber los?
Geduld! Der Herr im Himmel oben
    Zeigt sich unendlich stark und groß!

Wo sind des Herzens zarte Triebe?
Wo ist der Friede in der Brust?
Wo ist das Himmelskind, die Liebe?
Wo bist du hin, der Gottheit Lust?

Soll denn das Laster herrschend werden?
Und soll der Jammer ganz allein,
Mit seinen scheußlichen Geberden
Das Loos der ganzen Menschheit seyn?

Soll alle Zärtlichkeit verschwinden?
Und Lieb' und Recht zu Grunde gehn?
Soll nicht die Tugend überwinden,
Und im Triumph gen Himmel sehn?

Ja, triumphirend wirst du siegen;
Du Königin des Himmels, du!
Dir wird das Laster unterliegen!
Dir jauchzt der ganze Himmel zu!

Und eine Schaar von Millionen
Soll triumphirend einher gehn;
In aller Welt, in allen Zonen
Wird man den Sieg der Tugend sehn!

Vierter

Vierter Brief.

Mitternachts am 25ten Jul. 17.

Dieser Apostel=Tag, den ich heute, im Jahr 1793, in Genf feyerte, wird für mich ewig merkwürdig bleiben! Das Namensfest von Jöhann Jakob Rousseau, dem politischen Apostel unseres Jahrhunderts, wurde am heutigen Tage zum erstenmal in seiner Vaterstadt gefeyert, mit einem Jubel, der jenes um die Menschheit verdienten Mannes vollkommen würdig ist. Abends um sieben Uhr ging ich vor das neue Thor hinaus spaziren, und kam so eben von Ferney, wo ich Voltairs Schloß und Garten mit meinem Freunde habe kennen lernen. Wie staunte ich! Wie groß war meine Verwunderung, als ich mich plözlich, wie hingezaubert, auf einem großen, geräumigen und mit Bäumen garnirten Plaze unter einer unübersehbaren Menge von Menschen, die Lust und Wonne athmeten, befand. Die jungen Genfer

fer und Genferinnen zogen Mittags nach Tiſche
mit klingendem Spiel, Arm in Arm, zu den
Thoren der Stadt hinaus auf einige nahgelegene
Campagnen. Das ſchmetternde Getöſe der bla=
ſenden Inſtrumente, der Jubelgeſang jener trium=
phirenden Chöre, Tanz und Saitenſpiel wechſelten
unaufhörlich mit einander ab. Welch ein reizen=
des Schauſpiel! Welch ein glänzender Triumph
für den Verfaſſer der neuen Heloiſe!

Wo Lieb' und Freundſchaft Hand in Hand
    Die ſchönſten Blümchen pflücken;
Jean Jaques! In deinem Zauberland
    Empfand ich dein Entzücken!

Wie ſpricht die Lieb' aus deiner Bruſt!
    Wie zärtlich ſind die Töne!
Die Töne, voll von Lieb und Luſt;
    Nimm hin des Jünglings Thräne.

Ein deutſcher Jüngling, ernſt und ſchlicht,
    Der Recht und Wahrheit liebet;
Ein Freund von Tugend und von Pflicht,
    Die er gern praktiſch übet;

Ein

Ein Jüngling, der die Redlichkeit
An andern liebt und schäzet;
Und der als Mann zu jeder Zeit
An Ordnung sich ergözet;

Ein solcher Jüngling ist es hier,
Der deinen Namen ehret!
Du bist Geneva's Stolz und Zier;
Der dessen Ruhm vermehret.

Du denkst und sprichst als Mann und Freund!
Du ließest dich verbannen;
Und warst ein abgesagter Feind
Der Stolzen und Tyrannen.

Die Menschheit ist dir lieb und werth;
Du gabst ihr weise Lehren;
Und wer die Wahrheit liebt und ehrt,
Wird gern dich sprechen hören.

Dir zeigt dein gründlicher Verstand
Die Göttlichkeit der Schriften;
Die, göttlich schön, von Land zu Land
Das Wohl der Menschheit stiften.

Du

Du bist ein Mann nach meinem Sinn!
 Du wirst mir schäzbar bleiben!
Weil ich ein Freund der Wahrheit bin:
 Will ich die Wahrheit schreiben!

Heut feyert man dein Namensfest
 Mit Tanz und Jubelliedern!
Im Süd und Nord, im Ost und West,
 Wird alles sich verbrüdern!

Seht, alles hüpfet Hand in Hand
 Heut um die Freyheits = Pflanze!
Und alles jauchzt von Land zu Land;
 Wie hier beym Jubeltanze!

Die Freyheit wird, Geneva, bald
 In dir gegründet werden!
Sie prangt in prächtiger Gestalt,
 Bald auf der ganzen Erden!

Die Freyheit, die den Himmel ziert,
 Soll auch den Erdball schmücken!
Der Herr, der alle Welt regiert,
 Will alle Welt beglücken!

Rede und Gebet

bei

Einweihung der National-Versammlung,

den 25. Februar 1793,

durch

Isaak Salomon Anspach.

So ist denn endlich dieser schon so lange herbey-gewünschte Tag vor unsern Augen erschienen; sie ist endlich sizend diese National-Versammlung, ein Gegenstand so vieler heißen Wünsche, und so angenehmer Hoffnungen; diese Versammlung, die sich uns wie ein günstiger Hafen darstellt, ob sie gleich nur der Steuermann ist, der uns in denselben hinein führen soll.

Erlauben Sie mir, theuersten Mitbürger, die Einweihung derselben zu vollziehen. Es heißt viel von sich selbst halten, ich weiß es, solch ein erhabenes Amt ohne Auftrag über sich zu nehmen; aber das lebhafte Interesse, welches in meinem Herzen die Hoffnung eines für Sie guten Erfolgs rege macht, und die tiefe Empfindung des öffentlichen Wohls, legen mir das Gesez auf, Sie mit diesem

diesem wesentlichen Princip zu unterhalten, mit diesem durch die Vortrefflichkeit Ihrer Meditationen und ihrer Arbeiten würdigen Gegenstande.

Glücklicherweise muß Ihnen dieß Princip natürlich und leicht seyn. Denn es ist bey Ihnen nicht wie bey den alten Redacteurs unserer Geseze, die mit diesem Gemeingeist nicht konnten beselt seyn. Ernennt durch entgegengesezte Partheyen, waren sie genöthigt derselben Interesse zu soutenieren, und nur in ihren eigenen Triumphen das gemeine Beste zu sehen; der geheime Ort ihrer Versammlung war ein Kampfplaz, wo sie, gleich den gemietheten Athleten, für diejenigen zu überwinden suchten, welche sie in Sold genommen hatten; und die allgemeine Sache wurde unter den Kämpfen des besondern Interesse erstickt. Auch hat uns die Erfahrung die traurigen Folgen dieses sträflichen Irrthums tief genug empfinden lassen. Aber Sie, Sie sind eine durch die Nation gewählte Versammlung, Sie werden für dieselbe und unter ihren Augen arbeiten; sie ist der einzige Commettant, dem Sie Rechnung von Ihren Bemühungen schuldig sind. Die Treue, welche Sie der Nation geschworen haben, läßt Sie nach dem nämlichen Ziele streben, und die Anhänglichkeit an die Principien der Gleichheit, der Freyheit und der Unabhängigkeit des Staats, ist die einzige Standarte, worunter Sie alle vereinigt gehen.

Möchten doch glückliche Folgen aus dieser Gemeinschaft der Principien hervorgehen!

Von da an sehe ich keine entgegengesezte Partheyen mehr; es gibt nicht mehr Aristokraten, es gibt nicht mehr Demokraten; die einzige Parthey ist die Parthey des Vaterlandes; der einzige Titel ist der Titel eines Patrioten. Ist ein einiger unter Ihnen, der anders denkt, und der sich mit dem Vorsaz in diese Versammlung begeben hat, darinn besondere Rücksichten zu proponiren oder geltend zu machen? Er stehe auf, und sage uns, welch ein sublimeres Interesse er an die Stelle des allgemeinen Besten sezen wolle. Ich wußte es wohl, es ist keiner da; und wir können mit Zuversicht auf die Wohlfahrt des Ganzen losgehen.

Von da an wird diese Liebe für das gemeine Beste, — stark und nachdrücklich in unserer Versammlung ausgesprochen — bald alle Gemüther für sie gewinnen; sie, die Versammlung, wird das Vereinigungsmittel für die Brüder seyn, die sich getheilt haben, nur deswegen getheilt, weil sie sich Vorstellungen überließen, die ihren Herzen unbekannt waren.

Von da an werden Sie die Klippen vermeiden, in welche gewöhnlich die discutirenden Versammlungen fallen. Man wird hier keine getheilten Meynungen sehen, die, von der einen oder andern Seite mit Heftigkeit behauptet, zur besondern Sache derjenigen werden, welche sie vertheidigen, die Leidenschaften entzünden, Chefs und Anhänger bilden, und die den allgemeinen Nuzen aus dem Gesichte verlieren lassen. Fluch demjenigen, der also für sich allein einen Theil des Nuzens entwenden wollte, der im öffentlichen Wohl seinen Bestimmungspunkt hat! Und wie! die Sache der Einzelnen, ist sie wichtig genug, um die Aufmerksamkeit, die man jener des Vaterlandes schuldig ist, an sich zu ziehen?

Sie werden nicht von dem Verlangen ergriffen seyn: durch beredte und zierliche Reden glänzen zu wollen. Ich würde da vielmehr den Redner sehen, der einen eitlen Ruhm sucht, als den Patrioten der nach dem wirklichen Wohl seines Vaterlandes begierig ist. Eine einige Zeile eines weisen Gesezes ist mehr werth, als zehen Seiten der schönsten Beredsamkeit. Diese da können sich einige ephemerischen Lobsprüche zuwege bringen; aber sind wir hier,

um

um uns frohlockenden Beyfall zu erbettlen? Wir sind da, das gemeine Beste zu besorgen. Der Beyfall muß von dem Gewissen herkommen, und früh oder spät wird er von der öffentlichen Hochachtung und Erkenntlichkeit begleitet werden.

Wir wollen uns also nicht erschöpfen, durch das Haschen nach glänzenden Antithesen, nach einer sinnreichen Wendung und einem prächtigen Ausdruck; mögen sie zu einer andern und günstigen Stunde unter die Feder kommen; wir aber wollen den Worten nicht eine Zeit, Talente und Kräfte aufopfern, welche wir den Sachen schuldig sind. Dieser nehmliche Gemeingeist soll aus unserer Mitte ein Laster verbannen, welches nur allzusehr allgemein geworden ist, den Egoism, diese Pest aller, besonders aber der republikanischen Tugenden. Egoist und Republikaner! Ein Widerspruch in dem Wort und in der Sache. Ferne seyen von uns diese besonderen und eigennüzigen Absichten, welche eben so viele Verschwörungen wider das Vaterland sind. Laßt uns demselben aufopfern, den Egoism der Eigenliebe, den Egoism des persönlichen Interesse, den Egoism der Parthey, den Egoism des Standes, den Egoism des Gewerbes, und selbst den Egoism, das gemeine Beste nach seiner eigenen Manier be=

bewirken zu wollen. Was sind einige wenige Aufopferungen für das Vaterland, das uns so viele Vortheile verschafft, das uns durch so viele Wohlthaten zuvor kommt, das alle unsere Interessen, alle unsere Vergnügungen und Wünsche in sich schließt?

Wir wollen uns zur Höhe unseres Auftrags erheben, so werden von diesem Standpunkte aus alle kleinen Leidenschaften, alle verschiedenen Interessen, vor unsern Augen verschwinden; nur das große Schauspiel der Glückseligkeit des Ganzen wird unsere Aufmerksamkeit an sich ziehen, gleichwie man von der Spize eines Berges auf der untenliegenden Ebene nur die Harmonie der Natur erblickt. Die Idee der allgemeinen Wohlfahrt, sey die herrschende Idee, die alle andern sich unterwerfe, sie sey der erste Leitfaden, der die Richtung der andern Fäden des Gewebes bestimme; sie verfolge uns überall, und beschäftige uns ohne Aufhören, sie sey die lezte die dem Schlafe weicht, sie entwerfe die Bilder zu unsern Träumen, und sey uns bey unserem Erwachen noch gegenwärtig.

Aber um uns auf dieser Höhe zu erhalten, rufe ich Ihnen die unveränderlichen Principien der Wahrheit, der Gerechtigkeit und Tugend zu

unserem

unserem Beyſtande zurück, welche, von den ewi=
gen Rapports entſtehend, Sie auf alles zu jeder
Zeit und an jedem Ort anwenden möchten.

Denn, laßt es uns geſtehen, bisher haben
wir die wankenden Fußſtapfen der Convenienz der
Localität und der Meynungen befolgt; es iſt kein
Wunder, daß die Natur der Dinge, welcher wir
Gewalt anthaten, allezeit unſere Syſteme zu
nichte gemacht hat; es iſt kein Wunder, daß
wir wie im Finſtern getappt haben, verwirrt in
ein Labyrinth, weil wir ungewiſſen Wegweiſern
nachfolgten; es iſt kein Wunder, daß wir unauf=
hörlich ein Raub von Mißverſtändniſſen waren,
weil, wenn es leicht iſt ſich über evidente Säze
zu vereinigen, es unmöglich iſt, ſich über ſoge=
nannte Convenienzen mit einander zu verſtehen,
die ihnen entgegengeſezt ſind, und die verſchieden
ſind wie die Köpfe.

Dieſe Idee müſſe uns ganz durchdringen, daß
ſo bald ein Princip wahr iſt, man es befolgen,
und ohne Umweg befolgen ſolle; daß alle ſeine
Folgen gut ſind, weil die Wahrheit niemal ſchäd=
lich iſt; daß wenn welche traurig ſind, ſie nicht
von dem Princip herkommen, ſondern von Feh=
lern der vorhergehenden Ordnung, oder von dem
Wider=

Widerstand derjenigen, die wegen ihrer Beybehaltung interessirt sind.

Ich will es denn mit Dreustigkeit sagen: wenn wir mit den Principien capitulirten, so würden wir nur ein mangelhaftes und gebrechliches Gebäude errichten, dessen schändliche Ruinen bald über unsere Köpfe zurückfallen würden.

Aber, meine werthesten Mitbürger, indem wir die Grundsäze befolgen, so laßt uns auch zu ihrem ersten Ursprung hinaufsteigen; wir wollen uns hüten, jene Philosophen nachzuahmen, die aufgeklärt genug sind, zu entdecken, daß die Politik von natürlichen Verhältnissen, sey es unter den Individuen, oder unter den Völkern, ihre Existenz hernehme, und daß die Geseze der Ausdruck des Resultats dieser Verhältnisse sind; die aber auch blind genug sind, dabey stehen zu bleiben, um ihre Lehre von der Idee eines Gottes, der die Natur der Dinge schuf, abzusondern, und also das wesentliche Princip von der Verbindlichkeit der Pflichten, zu vernachläsigen.

Sie sehen nur blos ein politisches System, das dieser Basis beraubt ist: nichts mehr, so schön er auch seyn mag, als einen, auf glänzenden Wolken erbauten Pallast, ein Schaugerüste, das auf Abstractionen ohne Realität gegründet ist.

Der

Der Beweis davon ist leicht und einfach. Denn wenn kein Höchstes Wesen ist, so ist auch keine Absicht in der Bildung der Menschen; wenn kein Endzweck in dieser Formation ist, so gibt es auch keine bestimmten Verhältnisse unter ihnen; wenn es keine bestimmten Verhältnisse unter ihnen gibt, so gibt es auch keine Geseze, denn die Geseze sind das Resultat der Verhältnisse; wenn es keine Geseze gibt, so gibt es auch keine Rechte und Pflichten; und folglich ist die Gerechtigkeit nichts mehr, als eine Schimäre; die Moralität der Handlungen, ein Hirngespinnst; und die Politik, ein ungereimtes Wesen.

Laßt uns weiser seyn, laßt uns zur ewigen Ursache hinaufsteigen, die sich das Glück der Menschen zum Endzweck vorsezte, die unter ihnen Verhältnisse errichtete, und die Geseze verbindlich machte, die daraus resultiren, indem sie auf dieselben das Sigel ihres Willens drückte.

Also, weil ohne Gott die politische Welt nicht besser als die materielle bestehen kann, so laßt uns vorher unsere ganze Republik seinem mächtigen Schuze übergeben; wir wollen uns alle mit einander erheben, um über diese National=Versammlung seinen Geist der Weisheit und des guten Rathes zu erflehen.

Gebet.

O Gott! Beschützer dieser Republik, wir erheben zu dir unsere Herzen in dieser für uns eben so wichtigen als neuen Angelegenheit.

Leider entfernten wir uns lange Zeit, weit von den Principien, welche uns deine alles umfassende Güte eingeben sollte.

Du bildetest alle Menschen gleich: gleichen Ursprungs; eben dieselbe bewundernswürdige Struktur; dieselbe Leibesbeschaffenheit; dieselben Eigenschaften des Geistes; dieselben Empfindungen des Herzens; und ebendieselben Kräfte der Seele.

Für alle, enthülltest du diesen prächtigen Schauplaz der Natur, und ließest diese an Gutthaten unerschöpfliche Quelle hervorspringen, welche du bis zur Verschwendung vervielfältigtest, um ihre Bedürfnisse zu befriedigen, und die Annehmlichkeiten ihres Lebens zu vermehren.

Für alle, verkündigte dein vielgeliebter Sohn diese erhabene Lehre, welche dich als einen zärtlichen Vater schildert, und alle Menschen als deine Kinder, und uns als Brüder untereinander; diese heilige Moral, welche alle Pflichten auf das rührende Princip der Liebe und Brüderschaft zurückführt.

Für

Für alle, eröffnete er einen freyen Zutritt zum Thron der Gnade, that die herrlichsten Verheissungen, und sezte durch sein Evangelium das Leben und die Unsterblichkeit ins Licht.

Du gestattetest kein ausschliessendes Privilegium weder in dem Reiche der Natur noch in dem Reiche der Gnade.

Und wir, wir haben Unterschiede erdacht zwischen den Kindern ebendesselben Vaterlandes!

Wir sind dafür durch häufige Uneinigkeiten gestraft worden. Vergeblich vereinigten sich für unser Glück zahlreiche Vortheile; denn du hattest uns mit allerley Glücksgütern gesegnet; diese Vortheile hatten ihren Werth verloren, und seit einem Jahrhundert lebten wir unglücklich.

Aber Dank und Lob seyen dir gebracht, allgütiger Gott! Wir sind endlich von unsern langen Irrthümern zurückgekommen; alle Kinder des Vaterlandes haben einen gleichen Antheil an der zärtlichen Liebe für dasselbe; sie alle sind lebhaft für seine Wohlfahrt interessirt, diese National-Versammlung hat das Amt auf sich, das Wohl desselben auf eine feste Grundstüze zu gründen. Segne ihre Arbeiten, erleuchte die Geister mit deinem lebendigen Licht, durchbringe die Herzen mit derjenigen Güte, welche über alle deine Werke

eine

eine so entzückende Glorie verbreitet; laßt uns zusammen aus nicht mehr als aus einer einigen wohlvereinigten Familie bestehen ; vereinigt und zusammengesezt aus Brüdern und Freunden!

Die Gleichheit und die Freyheit, die Religion und die Tugend, die Ordnung und der Friede, sollen hinfort in dieser Stadt blühen; sie werden der Triumph des Freystaates seyn!

Alsdann wird Sion ein Aufenthalt der Ruhe seyn, eine Hütte, die nicht versezt werden soll; sie wird zu einem auf der Erde berühmten Staate werden; keine wider sie geschmideten Waffen sollen einen glücklichen Fortgang haben ; ihr Friede wird fließen wie ein Fluß; ihr Licht wird hervorbrechen wie die Morgenröthe ; deine Herrlichkeit wird vor ihr her gehen ; man wird von ihr noch sagen: Der Herr segne dich, holdselige Wohnung! Der Herr sey dir gnädig und segne dich, Berg der Heiligkeit!

Wir bitten dich auch für alle Völker der Welt: befreye diejenigen, welche unter dem Joche der Sklaverey seufzen, und in der Nacht des Aberglaubens irre gehn ; die Würde des Menschen müsse aller Orten wieder hergestellt werden, die guten Sitten seyen in ihrer Begleitung, die Wahr-

heit

heit herrsche, die Freyheit, die Gerechtigkeit und der Friede seyen überall die Quelle des Glückes!

Aber endlich, o Gott, weil die irrdischen Städte sollen zernichtet werden, und die Gesezgeber mit ihren Gesezen verschwinden müssen, und nur die Himmelsstadt bleibend ist, so hilf uns die Eigenschaften anziehen, die einem Bürger der Himmel angemessen sind, die auch zugleich den besten Bürger auf der Erde hervor bringen; auf daß wir durch die Ausübung der bürgerlichen Tugenden uns der Güter würdig machen, welche du uns in dem ewigen Vaterlande zubereitest, wo wir vor menschlichen Revolutionen sicher seyn werden. —

Wir rufen dich an im Namen Jesu Christi, dessen großmüthige Wohlthätigkeit sich über alle Menschen verbreitet hat, in Zeit und Ewigkeit!

Fünfter Brief.

Am 4ten August.

Verehrungswürdiger Menschenfreund!

Ich wage es, Ihnen dißmal meine Bemerkungen über einen die ganze Menschheit betreffenden Gegenstand mitzutheilen. — Die Ordnung der Dinge ist in unsern Tagen so auffallend und sichtbar abgeändert und erneuert worden, daß man in einigen Staaten, denen ihre Revolution diese Metamorphose beygebracht hat, unter ganz andern Menschen, unter Geschöpfen eines andern Planeten, herumzuwandeln glaubt. Ich untersuche izt nicht die Rechtmäsigkeit ihres Verfahrens; ich lasse mich nicht ein in das Detail der

Begebenheiten neuerer Zeiten." Unſer Zeitalter iſt ſo voll von wichtigen Auftritten; ſo intereſſant in allen ſeinen Situationen; ſo reichhaltig an Thatſachen und unerwarteten Vorfällen; daß der beobachtende Menſchenfreund, der ſtille Weiſe tauſendfältigen Stoff zu ernſthaften Betrachtungen und tiefſinnigen Nachforſchungen — daß er unzähligen Anlaß zu traurigen und frohen Bemerkungen findet. Der Freund der Wahrheit, der Liebhaber der Tugend, freut ſich über die ſchnellen und glücklichen Fortſchritte der Wiſſenſchaften; er freut ſich ſich über die allgemeine Ausbreitung nüzlicher und vortreflicher Kenntniſſe: über den Wachsthum das guten überhaupt; er freut ſich über die Wohlfahrt des Ganzen wie über das Glück des Einzelnen. Es war unſerem Jahrhundert vorbehalten — denn wie reich iſt daſſelbe nicht an großen und vortreflichen Männern? — die importanteſten Entdeckungen in der Natur zu machen. Was in vorigen Zeiten ein Geheimniß war, was man durch allerhand lächerliche und abentheuerliche Meynungen und ſeltſame Hypotheſen zu erklären ſuchte, das iſt nun ſo klar und offenbar als das Licht des Tages; Dinge, woran man vormals gar nicht dachte, von deren möglicher Exiſtenz man gar keinen Begriff hatte, ſind nun vor den Augen aller Welt enthüllt und bewieſen.

sen. Viele einst unerklärbaren Phänomene und schweren Probleme sind heutiges Tages mit mathematischer Gewißheit aufgelößt und unwidersprechlich dargethan. Die Verbesserung des Kirchen- und Schulwesens, der unserem Zeitalter angemessene Vortrag und Unterricht in der Religion, wohin besonders die Reinheit der Sprache, die Veredlung des Ausdrucks in Kirchengesänger gehört, die Aufmerksamkeit auf die Sitten, die Sorgfalt für die jugendliche Erziehung, die Anerkennung ihrer Wichtigkeit, das überzeugende Gefühl von deren entscheidendem Einfluß aufs ganze Leben, die Ausrottung barbarischer Vorurtheile, die Abschaffung verderblicher Gewohnheiten und unanständiger Gebräuche, die Errichtung wohlthätiger und instruktiver Institute, die Beförderung und Zunahme der Manufakturen, die Verfeinerung der Künste, die Begünstigung des Talents, die Aufmunterung und Belohnung des Genie's, der Wetteifer im Schönen und Nüzlichen jeder Art, das allgemeine Streben nach Vervollkommnung, das Ringen nach Glückseligkeit, wiewohl auf verschiedenen einander oft entgegengesezten Wegen, und die vermehrte Summe des allgemeinen Besten; — dieß Alles zusammen, alle diese unverkennbaren Vorzüge unsers Zeitalters und Jahrhunderts, müssen das Herz des Menschenfreundes
mächtig

mächtig rühren, müssen für ihn ein herrlicher Beweggrund zu entzückenden Aussichten in die Zukunft seyn! Aber wie! vermehrt sich mit der Summe des Guten nicht auch die Masse des Uebels? Welchem gefühlvollen und aufrichtigen Menschenfreunde blutet nicht das Herz, wenn er ganze Nationen sich vom Pfade der Tugend entfernen, wenn er Millionen seiner Brüder sich dem Abgrunde des Verderbens nähern sieht?! — — —
Ewige Allmacht! Ist es in deinem unerforschlichen und allweisen Rathschlusse gegründet und ausgemacht, ist es in dem Buche der Schicksale beschlossen, geschrieben und versiegelt, daß deine vernünftigen und zur fortdaurenden Glückseligkeit bestimmten Geschöpfe den Moment ihres Erdenlebens sich verkürzen und verbittern müssen, daß sie sich diesen Tropfen Zeit zur Quaal und Folter, ihre Handvoll Tage zur Last und ihr irdisches Daseyn, ihren Aufenthalt hienieden, zur Hölle machen sollen? Hier zankt und rauft sich einer mit seinem Nachbar um eine Spanne Feldes, um eine Erdscholle; dort stehen ganze Heere, und morden und zerstümmeln sich um den Besiz von einigen Meilen Landes! Mit Schwerdt und Feuer suchen sie ihre sogenannten Ansprüche und vorgeblichen Rechte geltend zu machen; gerade, als ob die Aussprüche der Vernunft und Mensch-

D lichkeit

lichkeit ihre Sanction von dem Rechte des Stärkern erhalten müßten, von jenem angemaßten Rechte, das mit den Principien der unwandelbaren Gerechtigkeit nur gar zu oft im Widerspruche steht! — Dort will ein Volk dem andern seine politischen und religiösen Meynungen mit Gewalt aufdringen. Heißt dieß glücklich machen, ist dieß die wahre Freyheit, wenn man andern seine oft absurden Vorstellungen aufdringen, wenn man andere von seinen oft bizarren und übertriebenen Begriffen abhängig machen will?.

Ist dieß, was dem Karakter eurer Nation angemessen ist, was der Natur eures Landes entspricht, ist dieß, sage ich, immer nothwendiger Weise auch der Maasstab des Verhaltens für eine andere Nation, die sich durch Sitten und Cultur, durch Sprache und Lebensart, durch Verfaffung und Geschmack, durch Temperament und Gesinnungen, durch Erziehung und Unterricht, durch Clima und körperliche Beschaffenheit, eben so sehr als durch seine geographische Entfernung und politische Einrichtungen von euch unterscheidet? Wenn ihr haben wollet, daß man euch in dem rechtmäsigen Besize eurer errungenen Freyheit und bürgerlichen Rechte nicht störe, daß man eure Einrichtungen, wenn sie anders auf die Principien der

ewigen

ewigen Gerechtigkeit gegründet sind, billigen und
gutheißen, daß man eure neue Verfassung aner=
kennen soll: wohlan, so können wir mit glei=
chem Rechte von euch verlangen, daß ihr uns die
Freyheit unserer Meynungen nicht streitig machen,
uns in dem friedlichen Besize unsers Eigenthums
nicht stören, daß ihr uns mit euren verheerenden
Invasionen nicht beunruhigen, mit euren gewalt=
thätigen Handlungen nicht unglücklich machen,
und uns mit euren albernen Prätensionen verscho=
nen sollet! — — — Werdet unsere Bundsgenos=
sen, und seyd unsere Freunde und friedliche Nach=
barn! Wenn ihr glücklich und frey, gleich und
unabhängig seyn wollet: so seyd nicht weniger ge=
recht und tugendhaft; und zeiget durch edle Gesin=
nungen und grosmüthige Handlungen, daß ihr
eures errungenen Sieges würdig, daß ihr einer
höhern Stufe von Glückseligkeit fähig seyd!

Reicht uns die Hand; und wir verzeihen;
   Wir bieten euch den Frieden an!
Uns künftig nimmer zu entzweyen:
   Dieß sey der Schluß im Friedensplan!

Grünt hoch, grünt hoch! ihr Friedenspalmen!
    Hoch blüh der Völker Glück und Wohl!
Singt, Brüder, singet Jubelpsalmen!
    Und jauchzt, und jauchzt von Pol zu Pol!

Laßt euch Verstand und Tugend leiten:
    So findet ihr den Weg zum Glück;
So wird die Wohlfahrt sich verbreiten;
    Auf! säumet keinen Augenblick!

Entsagt dem Geiz! entsagt den Lüsten!
    Entsagt dem schnöden Tand der Welt!
Und saugt nicht aus der Wollust Brüsten
    Das Gift, das Herz und Adern schwellt!

Vermeidet Zank, und flieht die Rache;
    Vermeidet jene kurze Wut,
Den Zorn, in Mienen, in der Sprache;
    Wacht stets, und seyd auf eurer Hut!

Prüft euer Herz, und lernt euch kennen;
    Und ruft die Bruderlieb' zurück!
Bezähmt das Fleisch; bezähmt die Sinnen;
    Dieß ist der Weg zu Ruh' und Glück!

Diese fürchterlichen Kriegs=Operationen betreffen nicht nur die Sache einiger Provinzen; es ist nicht blos um Eroberungen und Lorbeere zu thun; es ist dieser Folgenschwangere Krieg zur Angelegenheit des ganzen Europa, zur Sache der ganzen Menschheit geworden. Bellum omnium contra omnes! Ein Volk empört sich wider das andere! — — — Möchte das Blutvergießen doch recht bald ein Ende nehmen! Möchten es doch die Großen und Gewaltigen der Erde recht ernstlich beherzigen: daß jeder unschuldig vergossene Tropfen Blut bey dem Richter der Todten und Lebendigen über sie um Rache schreyen wird! Möchten diese unseligen Tage auf ewig dahin schwinden; möchten sie nimmermehr zurückkehren; und möchte endlich aus dieser chaotischen Verwirrung für alle Nationen der Erde ein neues Licht hervorbrechen, eine neue Glückseligkeit die triumphirende Folge seyn! — — —

Sechster Brief.

Am 3ten August Abends um 4 Uhr.

Theuerster Freund!

Ein herrlicher Tag! der Tag der Apotheose Carl Bonnets! was soll ich dazu sagen? Ich will mein Herz reden, meinem Geiste seinen geflügelten Schwung lassen.

O Allmacht! gieb mir Kraft und Stärke!
    Frohlockend töne mein Gesang!
Carl Bonnet mahlte Gottes Werke;
    Fürwahr, ein Kopf vom ersten Rang!

Die

Die Nachwelt soll den Jubel hören,
  Den ich an diesem Tag empfand!
Mein Geist erhebt sich zu den Sphären;
  Ich bin in Bonnets Vaterland!

Wie gros und laut ist mein Entzücken!
  Der Jubel kann nicht größer seyn.
O möcht es mir harmonisch glücken!
  Stimmt, Freunde, stimmet mit mir ein!

Der Schöpfer schuf die Welt, allmächtig.
  Sie werde! sprach er: und sie ward.
Die Schöpfung ist so schön und prächtig!
  Ein jedes Ding nach seiner Art.

Wer preißt den Herrn in seinen Werken?
  Wer lobt den Meister der Natur?
Wer wird auf seine Güte merken?
  Wer kennet seiner Weisheit Spur?

Ein David preißt den Gott der Stärke
  Mit Psalmen und mit Lobgesang!
Er rühmet seine Schöpfungswerke;
  Und lobet Gott sein Lebenlang.

Die Nachwelt liest es mit Entzücken,
    Was dieser Sänger Gottes singt.
Er weiß sich lieblich auszudrücken,
    Daß es vom Ohr zum Herzen bringt.

Wer singt und spricht in unsern Zeiten
    Von Gottes Huld und Lieb' und Macht?
Wer preißt den Herrn der Ewigkeiten,
    Den Schöpfer einer Welt voll Pracht?

Soll ich die Schaar der Männer nennen,
    Die Gottes Werke kund gethan?
Ich kann mich aller nicht entsinnen;
    Ich fang mit einem Neuton an:

Der bringet in den Raum der Sphären;
    Und mit dem Meßstab in der Hand,
Will er die Welt uns kennen lehren.
    Er macht den Himmelsbau bekannt.

Er wandelt in des Lichtes Zonen,
    Und kennt das Wesen von dem Licht;
Theilt einen Strahl in Millionen,
    Wenn er das Licht durchs Prisma bricht.

                          Er

Er schildert uns den Regenbogen,
 Wie mit dem Pinsel in der Hand;
O Neuton! du bist hoch geflogen.
 Wie hoch und tief war dein Verstand!

Du spührst im Dunkel der Geschichte
 Der alten Prophezeihung nach;
Dem, was zum Seher im Gesichte
 Von Zukunft jene Gottheit sprach.

Du bist das Muster wahrer Größe;
 Dich hat der Himmel uns geschenkt!
Vergißt man nicht des Menschen Blöße,
 Wenn man an einen Neuton denkt?

Dich, Boyle! darf ich nicht vergessen;
 Ich weiß, was ich dir schuldig bin.
Die Wohlthat ist nicht zu ermessen:
 Nimm hier ein dankend Opfer hin!

Der Name Gottes war dir theuer;
 Du sprachest ihn mit Ehrfurcht aus!
Mit welcher Ehrfurchtsvollen Feyer
 Erschienest du im Gotteshaus!

Du warst in deinem Forschen glücklich;
 Du Eingeweihter der Natur!
Und was du thatst, war alles schicklich;
 Du suchtest Gottes Ehre nur.

War nicht dein ganzes Erdenleben
 Der Wahrheit und Natur geweiht?
Und all dein hiesiges Bestreben
 War Streben nach Vollkommenheit!

O Boyle! wärst du nicht gewesen,
 Wer weiß es, ob von Derham wir
Die schönen Bücher dürften lesen;
 Du, Derham, warbst zum Segen mir!

Du, Thomson! bist ein Stolz der Britten;
 Erhaben tönet dein Gesang.
Ein Freund der Tugend und der Sitten;
 Ein Dichter von dem ersten Rang.

O Young! in deinen Nachtgedanken
 Fand ich der Tugend Kraft und Licht;
Dein Geist durchbrach des Zwanges Schranken;
 Wie mächtig tönt dein Nachtgedicht!

Ein

Ein Young und Thomson, welche Dichter!
　　Die Dichterschaar heißt Legion:
So sagt ihr strengen Sittenrichter;
　　Und sagt es in dem Richterton.

Gesteht, die Dichtkunst ist die Schöne,
　　Die unsern Geist ergözt und ziert,
Entzückend ist ihr Lustgetöne;
　　Sie ists, die aller Herzen rührt!

Wenn sie die Tugend singt und lehret,
　　Wer hört ihr nicht mit Wonne zu?
O holde Dichtkunst! sey geehret.
　　Du bist ein Kind des Himmels du!

Erhabner Thomson, Zier der Britten!
　　Du bist und bleibst mir lieb und werth;
Die Schönheit der Natur und Sitten
　　Hast du hochtönend mich gelehrt!

Wohlan, im Reich der neuen Franken,
　　Wo die Verwüstung izt regiert,
Und wo sich Millionen zanken,
　　Und wo man wirklich reformirt;

Und

Und wo die Rachsucht tobt und schnaubet,
    Und wo die Tugend sich verbirgt,
Und wo man brennt und sengt und raubet,
    Und wütend sich zu Tode würgt;

In diesem großen Land der Schrecken
    War auch dereinst ein weiser Mann;
Dich, Fenelon, will ich entdecken;
    Du warst der Tugend zugethan!

Dein Telemak wird ewig zeugen:
    Daß du ein Freund der Wahrheit bist;
Und sollt ich deinen Ruhm verschweigen,
    Der dauerhaft gegründet ist?

Ja, deine Sprache tönt entzückend;
    Ist lieblich wie das Morgengold.
Und deine Lehren sind beglückend;
    Dir, Fenelon, ist alles hold!

Cartesius, wer dich gelesen,
    Bewundert deinen scharfen Sinn.
Du forschtest nach der Dinge Wesen;
    Dein Name schwindet nicht dahin.

Ist

Jzt tritt mein Geist aus dem Getümmel
    Der wilden Gallier hinweg:
Und nähert sich dem deutschen Himmel;
    Und nähert sich dem Ziel und Zweck!

O Leibniz! Stolz und Zier der Weisen!
    Mein Geist erhebt sich Himmelwärts.
Ich will den Schmuck der Deutschen preisen.
    Wie hoch erhebet sich mein Herz!

Dein Geist schwebt in des Himmels Zonen;
    O Leibniz, welch ein Mann warst du!
Und eine Schaar von Legionen
    Jauchzt dir, o Leibniz, Beyfall zu!

Mit Recht wirst du von uns bewundert!
    Du trägst die Welt in deinem Kopf.
Das ist für dich ein ganz Jahrhundert;
    Was für das Meer ein Wassertropf.

Jahrtausende sind schnell verschwunden;
    Sie sind für dich ein Tropfen Zeit;
Du zählest nicht nach Zeit und Stunden;
    Du nennst die Zahl der Ewigkeit!

                      Nichts

Nichts kann die Wißbegierde stillen,
    Die deinen Geist so hoch erhebt;
Vor dir muß sich die Welt enthüllen,
    Und was darinnen lebt und webt.

Du bist ein Wunder aller Zeiten;
    Dich nennet man von Land zu Land!
Wer will dir deinen Ruhm bestreiten;
    O Mann, von mächtigem Verstand?

Dich, Haller! werd' ich oft noch nennen;
    Ich werd' es thun zu seiner Zeit.
Izt will ich mich von Deutschland trennen;
    Denn mein Gebiet erstreckt sich weit.

Izt eil' ich nach Geneva's Hallen;
    Wo ich so viel Entzücken fand.
Dort soll mein Hochgesang erschallen;
    Dort, in Carl Bonnets Vaterland.

Laßt uns auf jenen Hügel gehen,
    Wo Bonnets Weisheitstempel steht;
Bleibt, Freunde, bleibt verwundernd stehen,
    An diesem Ort voll Majestät!

Wer kennt und schildert mein Entzücken?
　　Wie gros und prächtig ist die Welt!
Du wirst, Gott, alle Welt beglücken,
　　Weil dir dein Werk so wohl gefällt!

Wer will ein Herold Gottes werden,
　　Wie es ein weiser Bonnet war?
Er war ein Seraph auf der Erden;
　　Und bleibt ein Seraph immerdar!

Er kennt die Welt mit ihren Schäzen;
　　Er kennt das Wesen der Natur;
Ihr Studium ist sein Ergözen;
　　Ihm winket jede Creatur!

Die Seelenkräfte zu zergliedern,
　　War sein vortrefliches Bemühn;
Izt will sein Geist auf den Gefiedern
　　Der Ewigkeit von hinnen fliehn!

Victoria! Geneva's Hallen,
　　Verkündigt, was in euch geschah!
Mein Jubellied soll hoch erschallen,
　　Und alles jauchzt: Victoria!

Rede
des Bürgers
Isaak Salomon Anspach,
gehalten

Donnerstags den 8ten Aug. 1793, im 2ten Jahre der Gleichheit.

Nach Sezung der Inscription
zur Ehre
Carl Bonnets.

Meine theuersten Mitbürger!

Die Ceremonie, wegen welcher wir heute beysammen sind, ist eben so gloriös für die Nation als für den berühmten Autor, der ein Gegenstand derselben ist.

Hingerissen durch den ungestümmen Strom der politischen Angelegenheiten, haben Sie seiner Gewalt zu widerstehen gewußt, um ihre Blicke auf friedsamere Vorwürfe zu richten. Sie haben gefühlt, daß wenn die Schriften großer Politiker sich einen eclatanten Ruhm erwerben, weil sie eine allge-

allgemeine und lebhafte Paſſion erregen, beſonders im Schooſe der Revolution; — daß auch die Philoſophen unſerer Erkenntlichkeit würdig ſind, deren Werke zu allen Zeiten gefallen, die unſre intellektuellen Kräfte perfectionniren, die jene Uebel mildern, welche die erſtern nicht haben heilen können, und die zum Glück des Lebens recht wirkſam beytragen.

Aber was hat denn Carl Bonnet gethan, um dieſe Aufſchrift zu verdienen, die um ſo ehrenvoller, je einfacher und beſcheidener ſie iſt, weil ſie vorausſezt, daß der Ausdruck des Namens allein, allen Gemüthern die eminenten Verdienſte oder die Producte eines ſeltenen Genie's zurückruft?

Was hat er denn gethan, um jenen Ehren ſo nahe beygeſellt zu werden, welche wir ohnlängſt dem unſterblichen Rouſſeau erwieſen haben?

Theuerſten Mitbürger, wenn Rouſſeau durch ſeine ſublimen Lehren über die Politik, den Tempel des geſelligen Glücks errichtete: ſo eröffnete Bonnet, durch ſeine profunden Meditationen über die Natur der Dinge, Ausſichten in dieſem Tempel auf herrliche Gefilde, und verſah ihn mit Reichthümern ohne Zahl, um dieſes Glück mannigfaltiger und vollkommener zu machen.

E Ich

Ich sehe ihn erstlich, den beredten Maler der Natur, uns mit großen Zügen die **erste Ursache**, die Erschaffung der Dinge, die Mehrheit der Welten, und die harmonische Verkettung der großen Theile des Universums vorzeichnen; ich sehe ihn herabsteigen von dieser Höhe auf die Erde, um uns zu zeigen die allgemeine Vertheilung der Wesen, welche sie enthält, zu zeigen ihre relative Vollkommenheit, ihre stufenweise Progression, und die verschiedenen Glieder von Mittelgattungen, welche die Kette vom rohen Stein bis zum verständigsten Menschen verlängern.

Ich sehe ihn hernach in seinen **Betrachtungen über die organisirten Körper** die Generation der Pflanzen und Thiere, die Principien ihres Wachsthums, die Ursachen ihrer vorgegebenen Anomalien, erklären; sehe ihn vernichten das irrige System der equivoken, zufälligen und freywilligen (spontanées) Zeugungen, die durch die Fermentation oder durch unbekannte Affinitäten hervorgebracht seyn sollen; und sehe ihn durch die schönsten Erfahrungen dieß große Princip der Naturgeschichte bekräftigen, das durch Mosen auf die zuverläßigste Weise aufgestellt worden ist: nemlich daß das Pflanzen = und Thierreich sich durch einmal erschaffne Keime fortpflan=

ze,

ze, die sich entwickeln und die Keime der nemlichen Gattung mit Verschwendung vervielfachen.

Ich sehe ihn noch, den tiefsinnigen Metaphysiker, uns erklären, wie der Mensch aus dem Zustande eines Wesens, das fähig ist zu empfinden, zu wollen und zu handeln, übergehe in den Zustand eines Wesens, das nun wirklich empfindet, das will und das handelt; sehe ihn anzeigen die Entstehung unserer Ideen, des Begehrens, des Vergnügens, der Aufmerksamkeit; sehe ihn die schwersten psychologischen Phänomene erklären, und uns unter dem bescheidenen Titel eines a n a l y t i s c h e n V e r s u c h s ü b e r d i e S e e l e einen anhaltenden Cursum einer auf Erfahrung gegründeten und praktischen Logik geben.

Ich sehe ihn endlich in seiner P a l i n g e n e s i e sich erheben zu einer eben so rührenden als sublimen Idee; zur Idee der stufenweisen Vervollkommnung aller Wesen; und seine ausgebreiteten Kenntnisse in der Physik und Psychologie auf die Untersuchung über den künftigen Zustand des Menschen anwenden; sehe ihn als strengen Logiker die Beweise von der Glaubwürdigkeit des Evangeliums erwägen, und die Stärke eines jeden derselben besonders entwickeln; und sehe ihn ihre

Uebereinstimmung, ihre Verkettung und die Festigkeit ihres Ganzen fühlbar und anschauend machen.

Die ganze Natur war ein Gegenstand der Meditationen dieses profunden Genie's: er analysirt die Pflanze, und zerlegt die Kräfte der Seele; er zergliedert das Insekt, und umfaßt das System des Universums; er erforscht den wirklichen Zustand der Wesen, und deckt den Schleyer der Zukunft auf, um ihre künftige Vervollkommnung hinter demselben zu sehen.

Ich weiß nicht, was man in allen seinen Werken am meisten bewundern muß: ist es der Styl? Ist es die Bescheidenheit? Ist es die Methode? Sind es die Gedanken?

Ueberall werden Sie einen klaren, bestimmten, leichten und Anspruchslosen Styl finden; eine reine, mannigfaltige Diction, die der Natur des Gegenstandes angemessen ist; Farben und glückliche Bilder. Er wußte die dürren Regionen der Metaphysik mit Blumen von Beredsamkeit zu bestreuen.

Bescheiden, war er jederzeit bereit seine Meynung für wahrscheinlichere Meynungen aufzuopfern und fahren zu lassen; nirgends kein entscheidender und

und schneidender Ton; er weiß sich am Rande des Abgrundes zu halten, und seine Unwissenheit zu bekennen.

Aber welch eine admirable Manier zu raisonniren! Obgleich systematisch, baute er doch nicht auf Hypothesen; Thatsachen und Observationen sind es, die ihn leiten. Er bringt die Dinge derselben Gattung mit den Dingen analoger Gattungen in einen gewissen Rapport, er zerlegt sie bis in ihre kleinsten Theile; er richtet seine ganze Aufmerksamkeit auf die Resultate die am entscheidendsten sind, bringt in die Resultate von diesen Resultaten, zieht daraus nur die rechtmäsigen Folgen, kettet durch ein geometrisches Band die einen an die andern, und erhebt sich also zu einem allgemeinen Princip, dem Mittelpunkt aller besondern Wahrheiten.

Ein eben so aufgeklärter als Ehrfurchtsvoller Bewunderer der Weisheit und höchsten Güte, läßt er Dieselbe überall mit dem lebhaftesten Glanze strahlen. „Ich erhebe mich zu „der ewigen Vernunft, ich studire ihre „Geseze, und bete sie an;„ dieß ist der erlauchte Anfang seiner Betrachtung über die Natur.

Als empfindsamer Menschenfreund sieht er in dem wirklichen Menschen dessen künftige Würde, und nimmt daher den Beweggrund und Anlaß, ihn um so mehr zu schäzen und zu lieben.

Gemacht und gebildet, um mit Entzücken alle Schönheiten dieses von dem Himmel begünstigten Aufenthalts zu empfinden, was für Empfindungen, glauben Sie wohl, müssen ihn für sein Vaterland beseelt haben; ein einiger Zug zeigt mir, daß seine Liebe für dasselbe eine von seinen herrschenden Leidenschaften war: er will ein Beyspiel geben von einer großen Anzahl verschiedener Ideen, welche ein einiges Wort hervorrufen kann. Ohne Zweifel sollten die Worte, Pflanze, Insekt, Stern, sich von selbst der Imagination eines Naturforschers darbieten; dem ungeachtet ist es der Name seines Vaterlandes allein, der ihn rührt, und siehe da wie er sich ausdrückt. *).

„Durch eine Folge von Bewegungen, die in meinem Gehirne vorgegangen sind, bietet sich meinem Geiste die Idee der Stadt G e n f dar. Sogleich denke ich mir ihre Thürme, ihre Mauern, ihre Gebäude; ihre reiche Situation, ihren schönen See, die Rhone, diesen majestätischen Fluß
der

---

*) Analytischer Versuch. Paragr. 450.

der durch sie hinfließt; ihre lachenden Campagnen wo die Kunst die Natur verschönert; die Weisheit ihrer Einrichtungen, die Reinigkeit ihrer Religion; die sanften Sitten ihrer Einwohner, den philosophischen Geist, den viele unter ihnen besizen; die ausnehmenden Vortheile, welche ihre Bürger genießen; die Erziehung die ich daselbst genossen habe; die tugendhaften und verständigen Verwandten und Freunde, die ich daselbst besize; alle diese Ideen, sage ich, und tausend andere kommen sogleich in meinem Gehirne wieder hervor, und zwar erscheinen einige zusammen, auf einmal, einige aber nacheinander. Mein Verstand und mein Herz betrachten dieses Gemälde: sie verweilen sich mit Vergnügen, bei der Freyheit die in ihrer Mitte sich befindet: O Freyheit! wie süß ist es dich zu nennen, wenn man dich besizt! Ich empfinde hiebey eine Erschütterung, welche mich zur Liebe eines Vaterlandes anreizt, für welches ich sterben möchte."

Welch ein Mann mußte er in Betracht des geselligen Lebens seyn! Euch! die ihr seine Freunde waret, und über seinem Grabe weinet, euch frage ich nicht: ob ihr Annehmlichkeiten in seiner Gesellschaft fandet.

Unglückliche, die ihr seine Unterstüzung suchtet, ich frage euch nicht, ob ihr sie erhieltet; die Lektür seiner Werke ist für mich hinreichend; die Kenntniß seiner Grundsäze beweißt mir, daß die Ergießungen der Freundschaft, und der Hang zur Gutthätigkeit, die lebhaftesten Bedürfnisse und Ergözungen seines empfindsamen Herzens seyn mußten.

Ja, Carl Bonnet, du verdienst die Ehre, welche wir deinem Andenken erweisen; du verdienst den Ausdruck der Dankbarkeit aller derjenigen, die es wie ich erkennen, daß sie zum Theil dem Studio deiner Werke die Entwicklung der vornehmsten Kräfte ihrer Seele zu verdanken haben.

Theuersten Mitbürger! Dieß Bestreben, dieser Eifer der Freunde der Gleichheit, große Männer zu ehren, wie auch ihre politischen Gesinnungen beschaffen waren, ist von einer glücklichen Vorbedeutung. Was wollten wir sonst für sie thun? Wir haben einen Alphons Turretin, einen Cramer, einen Burlamaqui, einen Abauzit, einen Vernet gehabt. Wo sind die Monumente ihrer Existenz in unserm Vaterlande? Geneva, wie der übrige Theil der Welt, ergözte sich an ihren Produkten, that aber nichts, womit es beweisen könnte: daß es glorios sey,

sey, solche Kinder in seinem Schoose erzogen zu haben. Die wahre Gleichheit, die reelle Freyheit herrschen hier seit einigen Monaten, und dieß ist schon die zweyte öffentliche Huldigung, welche wir dem Genie und den Talenten darbringen.

Entflammt euch dann mit einem neuen Feuer, junge Bürger! welche die Vorsehung mit ihren Gaben begünstigt hat. Entwickelt sie für das Glück und für den Ruhm eures Vaterlandes! dasselbe wird die Augen auf euch richten, es wird eure Fortschritte bemerken, wird eure Dienste zählen, und wird euch die Palme seiner Erkenntlichkeit zuerkennen; aber vergesset niemals, daß das Genie und die Talente, von der Tugend getrennt, wenig werth sind, und daß euer geliebtes Vaterland in der Würdigung eurer Verdienste die Tugenden allem andern vorziehen wird.

Siebenter Brief.

Am 10. August 1793.

Homo sum; nil humani à me alienum puto.

Und wer sollte den 10. August nicht merkwürdig finden? Das Bundesfest der Neufranken; welch ein rührendes und wichtiges Schauspiel für den Cosmopoliten und beobachtenden Menschenfreund! Warum mußte ich gerade in diesem Zeitpunkte hieher kommen, gerade in diesem kritischen Momente da seyn, wo ein importanter Auftritt auf den andern folgt, wo sich eine wichtige Begebenheit an die andere reihet, wo Phänomene an dem politischen Horizont sichtbar werden, die kein vorhergehendes Jahrhundert weder gesehen noch gehört hat? — — — Ich will es wagen, dasjenige was ich an diesem Tage gesehen und gehört

hört habe, unpartheyisch zu erzählen, und das Triumphfest der regenerirten Gallier oder Neufranken, wie sie sich zu nennen pflegen, getreu und offenherzig zu schildern. Morgens um 7 Uhr verließ ich mein Zimmer, wandte mich gegen das Porte-neuve und ging gerade auf Carouge, ein ansehnliches Städtchen in Savoyen, los. In weniger als einer halben Stunde war ich da; dieses Städtchen sollte also am heutigen Tage ein Aufenthalt des Jubels, eine Hütte der triumphirenden Freyheit seyn. Nun zur Sache: morgens um 8 Uhr versammelte sich die Nationalgarde, jede Compagnie zu ihrer Section; zu gleicher Zeit kamen auch die Linientruppen an dem Ort ihrer Bestimmung zusammen. Welch ein reizendes Schauspiel! die Mädchen von 4 bis 18 Jahren hüpften von allen Seiten frohlockend herbey, und versammelten sich in einem dem Triumphplaze naheliegenden Hause; ihre Kleidung war weiß, mit dem dreyfärbigen Band bebändert, mit Kränzen von Eichenlaub waren sie umwunden, und mit blumigten Guirlanden umflochten. Schönste Krone; Laub des Eichbaums, wie oft wurde das bürgerliche Verdienst mit dir gekrönt! Kranz aus Blumen; holder Orden der Natur, die Unschuld müsse stets in deiner blühenden Schönheit prangen! In einem andern Hause versammelten sich

die

die verheuratheten Frauenzimmer, gleich gekleidet, gleich geziert; Entzücken sprach aus ihrem Angesichte; sie fühlten das unaussprechliche Glück, das süße Glück, die Müttern künftiger Generationen zu seyn!

Die frohe Schaar dieser Frauenzimmer war mit militärischen Insignien versehen; hatte eine Fahne und Pike mit dreyfarbigen Bändern ausgeschmückt und ausgerüstet. Der Glockenschlag 10. war das Signal zum allgemeinen Aufbruche; die Soldaten traten ins Gewehr, und die schmetternde Trommel kündigte das Fest des Tages laut und wiederholend an; und innerhalb einer Stunde war die ganze Prozession in Ordnung gestellt und marschfertig. Hier ist die Rangordnung derselben: An der Spitze die Grenadiere mit einer prächtigen Nationalfahne, hinter diesen einige Compagnien anderer Nationalgarden, auf diese folgte eine weibliche Figur, ein schönes Kunstwerk aus Gyps; sie hatte eine Größe von 7 Schuh, war mit einer Menge Nationalbänder umwunden, die rings um sie herum flatterten, so, daß sie wie geflügelt aussah, in beyden Händen hielt sie eine Büschel dünner Stäbe, die in einen Fascikel zusammen gebunden waren, sie trug ein Kleid von Leinwand das viele Falten und eine schleppende Länge hatte,

und

und bekam dadurch wirklich ein majeſtätiſches Anſehen; ſie wurde auf einem Tragſeſſel von vier Officieren der Nationalgarde in aufrechter Stellung getragen; vor ihrer Bruſt hieng ein Schild mit den Worten: Republique françaiſe, une et indiviſible 86 Depart. Ihr zur Seite gingen vier Damen, je zwey und zwey, rechts und links, die vier Jahrszeiten repräſentirend; der perſoniſicirte Frühling mit den ſchönſten Blumen bekränzt und umdüftet; der Sommer mit einem Fascikel reiffer Aehren in der Hand, und auf dem Haupte ein Aehrenbouquet im goldnen Glanze prangend; der Herbſt mit einer Rebe voll halbreiffer Trauben in der Hand, auf dem Haupte einen admirablen Kranz mit künſtlichen Baumfrüchten behangen; der Winter wandelte einher langſam und froſtig, umflochten mit dürrem, falbem Laubwerk, auf dem Haupte das Grün des Winters, den Bur, in den Händen ein Rauchbecken, mit Weihrauch angefüllt, der aromatiſchen Dunſt um ſich her verbreitete und wie eine Wolke gen Himmel ſtieg. Welch ein feyerlicher und pompöſer Aufzug! Jede dieſer vier Repräſentantinnen der Jahrszeiten hielt einige Nationalbänder in der Hand, die von dieſem republikaniſchen Idol, das in gigantiſcher Größe da ſtund, herunterflatterten; dieſe ſavoyiſchen Grazien waren alſo die reizenden

Sa-

Satelliten der allegorischen Dame! Unmittelbar vor dieser erhabenen Figur — das Departement Montblank repräsentirend — gingen vierzig junge Mädchen einher, paarweise geordnet, eine Dame als Chef an ihrer Spize, und erwachsene Mädchen als Officiere zur Seite. Allernächst hinter der Triumphdame folgte eine andere Schaar junger Mädchen, von noch größerer Anzahl, die auch ihre Anführerin und Aufseherinnen hatten. Izt folgten die Damen der Stadt in nicht geringer Anzahl, mit dem Nationalband geziert; diesen zur Seite marschirten die Linientruppen, und die bewaffneten Bürger der Sectionen mit fliegenden Fahnen. Nun folgte wieder eine Division der Nationalgarde, auf diese die Justiz, mit dem Orden der Nation ausgezeichnet; diese wurde von den Deputirten der Bürgerschaft begleitet, jeder sein dreyfärbiges Band an sich tragend; alsdann folgte wieder eine Division Nationalgardisten, und endlich erschien ein Triumphwagen, von vier Pferden gezogen, auf welchem der französische Resident, der in Genf sich aufhält, mit dem Gesezbuch in der Hand triumphirte, und zu seinen Füßen die Insignien der Monarchie, zum Beyspiel eine zerbrochene Krone, liegen hatte; ihm zur Seite saß eine Dame, mit einer Pike in der Hand, und mit der rothen Müze versehen.

Um

Um den Triumphwagen her gingen Offiziere, und eine Compagnie bewaffneter Bürger machte den Schluß von diesem prachtvollen Aufzuge. Statt der zerbrochenen und zernichteten Krone trugen acht Frauenzimmer, vor den übrigen Damen und vor dem Triumphwagen hergehend, eine prächtig ausgezierte Müze von enormer Größe, auf einem eigenen Gerüste; und hatten die gloriöse Nationalfahne, von fünf andern Frauenzimmern getragen und begleitet, an ihrer Spize. Von vier andern Damen wurden in eben diesem Reihen, mitten inne zwischen den Frauenzimmern der Prozeßion, einige Brote, das Sinnbild des Ueberflußes und der Fülle, getragen. Die Prozeßion nahm bey der Triumphpforte ihren Anfang, verließ die Stadt, ging langsamen und feyerlichen Gangs über ein Stück Feldes, näherte sich wieder der Stadt, und kam durch eine andere Straße zur Triumphpforte siegprangend zurück.

Nun sind wir an der Triumphpforte! Ich will es wagen, eine erklärende Abbildung davon zu entwerfen. Ein vierseitiges, pyramidenförmiges Gerüste, von vier belaubten Säulen eingeschloßen, und nach der untersten Terraße gemessen achtzig Schuh im Umfang, stund in der Mitte des Schauplazes; vier andere Säulen richteten
sich

sich senkrecht innerhalb dem Gerüste empor, auf diese stüzten sich vier kleinere Säulen, die sich oben unter einem etwas schiefen Winkel in eine Spize vereinigten. Die Terrassen des Gerüstes führten zu einem Altar, der auf einem vier Schuh hohen Fundamente aufgerichtet war, und zwischen den innern Säulen, die mit Laubwerk beblättert waren, stand; auf diesem Altare stund ein vier Schuh hohes, zwey Schuh breites Piedestal, worauf Julius Cäsar in gigantischer Größe erhoben war. In eine Togam von Leinwand gehüllt, sah er ehrwürdig aber nicht martialisch aus; in seiner Rechten hielt er eine große Pike, deren Spize mit der rothen Müze bedeckt war, in der Linken zeigte er eine Tafel, worauf folgende Worte mit großen Lettern geschrieben stunden:

Les Droits de l' homme;

Liberté, Egalité.

Etwas höher hinauf über seinem Haupte schwebend, waren drey Kränze oder Kronen aus Eichenlaub angebracht, um jede derselben zog sich ein Ring von weißem Papier, worauf geschrieben stund:

Victoire du 14. Juillet.

Und

Und endlich auf der Spize der Triumphpforte stund ein Mädchen, in Leinwand eingehüllt, ihre Füße auf einen Globum gestüzt; rings um denselben herum war zu lesen:

Elle fera le tour du Club.

In ihrer rechten Hand hielt sie eine Trompete, in welche sie mit vollen Backen zu blasen schien; in der Linken einen grünen Zweig; vermuthlich die Friedenspalme. Auf den vier Seiten des Altars oder dem Fußgestelle Cäsars, war folgendes zu lesen:

1.

Si chez nous il s'éleve un Cæsar,
On y trouvera plus d'un Brutus.

2.

L'esclave obéit par la Crainte du Chatiment; l'homme libre par l'amour de ses Devoirs.

3.

Les Loix sont inutiles, si les Moeurs ne viennent à leur appui.

4. Les

4.

Les Mortels sont égaux,

ce n'est pas la Naissance:

Mais la seule Vertu,

qui fait leur Difference.

Jene oben erwähnten Brote wurden auf den Altar gelegt, auch die Nationalmüze prangte vor dem Volke, und die Triumphdame bekam ihre Stelle neben dem Altar des Vaterlandes, dem Cäsar zur rechten Seite, aber minder erhaben. Ein Abbe bestieg izt die Stufen der Triumphpforte, hielt Messe und nach dieser eine feyerliche Rede. Auch ein Frauenzimmer bestieg hernach einige Minuten die Rednerbühne, und hielt eine Rede voll Eifer. Endlich bestieg ein Mitglied der Justiz die Stufen der Nationalschaubühne, und alles schwieg und horchte. Eine Rede voll Nachdruck und Patriotism, voll Lobpreisung der neuen Constitution und ihrer Principien, voll Aufmunterung zur Vertheidigung des Vaterlandes, zur Anhänglichkeit an die neue Verfassung, solch eine Rede, sage ich, war es, die den frohlockenden Beyfall der ganzen Versammlung erhielt. Die Principien der neuen Geseze wurden vorgelesen, und hierauf der Eid des Bundesfestes abgelegt. Dieß geschah unter freyem Himmel, Nachmittags um um 2 Uhr; in diesem Momente bildeten die sämmtlichen Truppen um die Triumphpforte ein Carré; eine feyerliche Stille kündigte die große Handlung an, der Eid wurde vorgelesen und tausendstimmig abgelegt.

 Und Ernst und feyerliche Stille
  Beherrschten jedes Angesicht;
 Es war ein Sinn und war ein Wille;
  Ein Vaterland und eine Pflicht!

Nach Vollendung dieses Akts gings mit raschen Schritten an die öffentliche Tafel. Eine mit hohen Bäumen bepflanzte Allee neben der Stadt, ward zum Speisesaal bestimmt, längs derselben stunden einander gegenüber zwey Reihen Tische, worauf Brod und Wein, Käs und Kälberbraten zubereitet war. Gleiche Mahlzeit, gleicher Rang; Junge und Alte, Reiche und Arme, Vornehme und Geringe von beyden Geschlechtern, saßen bunt durcheinander, und tranken sich brüderliches Wohl, bürgerliche Eintracht zu! Der Schall der Posaunen, Vivat und Jubelgeschrey wechselten unaufhörlich mit einander ab. Die Neufranken hielten sich für die glücklichsten Kinder unter der Sonne; wer sollte ihnen dieß Glück mißgönnen, wer kann, wer wird sie desselben berauben?

rauben?. Um vier Uhr stund man von der Tafel auf, und nun gings mit stürmender Geschwindigkeit auf den Tanzplaz los; Hand in Hand riß man sich jauchzend fort, wohin der Tambour winkte; die ganze Masse der neuen Republikaner bildete nur eine einige Kette, strömte frohlockend nach der Triumphpforte hin, und wand sich tanzend, singend und springend, um den Altar des Vaterlandes herum. Izt eilte man, längs der reissenden Arve, rasch durch ein Wäldchen, auf den brüderlichen Taumelplaz los; eine von wilden Gesträuchen und hochgipflichten Bäumen eingeschlossene Waldwiese war der Ort, welchen sich die verbrüderten Gallier zur Vollendung ihres Bundesfestes wählten.

Welch ein reizendes Schauspiel! Man lagerte sich Gruppenweise auf den weichen Rasen, unter die kühlen Schatten der stolzen Blätterträger. Hier saß ein Chor von Mädchen und Jünglingen, und sang Jubellieder, und dort stieg eine Staubwolke von den Füßen der Tanzenden gen Himmel empor, und rother Rebensaft floß aus der Preisgebenden Tonne in die Flasche des Wonnegthuenden Grenadiers. Von Entzücken durchdrungen, saß ich in dem Gebüsche, ganz Auge, ganz Ohr! Plözlich hörte ich eine Stimme neben mir; ich
sah

sah mich um, und siehe da! Ein Grenadier, ein anderer Nationalgardist und ein Bürger, nebst einem Frauenzimmer, stunden beysammen in dem Schatten des Gebüsches; der Grenadier, mit der Bouteille in der Hand, rief mir wiederholtermalen mit lauter Stimme zu: Citoyen! Citoyen! und winkte mir mit der Flasche; ich weigerte mich, und schien es anfangs nicht zu bemerken; dieß half nichts, sie ließen mir keine Ruhe, ich mußte schlechterdings die Flasche an den Mund sezen. Frappant war für mich das unerwartete Anerbieten und das wohlgemeynte Aufdringen, besonders da keiner von ihnen betrunken war; ich hatte gerade heftigen Durst, und genoß also mit vollen Zügen, was man mir so brüderlich darbot und mittheilte! — Ich erwartete den Ausgang dieses Nationalfestes; es war Abends um 7 Uhr, als die Sonne allmählig hinter den mächtigen Jura hinab sank; ihre lezten horizontalen Strahlen drangen durch das Gebüsch und fielen auf die vom Tanz empor getriebene Staubwolke; ich stund an der rapiden Arve, und betrachtete ihren präcipitanten Lauf und ihr trübes Wasser, das mit wildem Ungestümm von den Schneebergen Savoyens rauschend herabstürzt.

Ich wandte mich um, und siehe, mir gegenüber ein neues Phänomen! Die an dem Gesträuche gebrochenen und gehemmten Strahlen der Sonne bildeten, nachdem sie durchgedrungen, bei ihrem Eintritt in die Staubwolke einen Regenbogen von Staub, wenn ich so sagen darf; ein admirables Meteor! Der Nationalzug ging izt triumphirend nach Carouge zurück. Vollendet war das Bundesfest des 10. Augusts; und wie bald, wie bald wird denn vollendet seyn die Constitution der Neufranken? — —

Was in dem Plan des Himmels lieget,
    Das hemmet keine Erdenmacht;
Das Licht bricht an, der Himmel sieget;
    Und seht, die ganze Schöpfung lacht!

Die Allmacht wandelt auf der Erden,
    Und ist den Menschen fühlbar nah;
Ihr Sieg wird laut verkündigt werden,
    Durch Jubel und Victoria!

Die Menschheit höret auf zu bluten;
    Des Bluts ist schon geflossen viel;
Es floß dahin wie Wasserfluthen.
    Die Allmacht sezt ihm Maaß und Ziel.

Ihr

Ihr Menschen! laßt euch nicht bethören,
Durch Wahn und Irrthum, Trug und List;
Ihr sollt den Ruf der Wahrheit hören,
Der auch der Weg zum Himmel ist!

Was ist die Weißheit dieser Erden,
Wenn ihr der Tugend Glanz gebricht?
Sie wird ein Spott der Himmel werden;
Wen reizt der Tugend Hoheit nicht?

O Gallien! du Land der Schrecken,
Wen rührt dein großer Jammer nicht?
Wie bitter muß der Kelch dir schmecken?
Fürwahr — ein schröckliches Gericht!

Wirst du die Tugend anerkennen,
So wird das Glück dir günstig seyn;
Und wird sich nimmer von dir trennen;
Dann ist die wahre Freyheit dein!

Sagt, ihr Gewaltigen der Erden,
Warum vergießt ihr Menschenblut?
Soll alle Welt verwüstet werden?
Wie schröcklich ist des Krieges Wut!

Der Herr des Himmels wird euch zeigen,
Daß eure Majeſtät von Staub;
Vor ihm muß Erd' und Himmel ſchweigen;
Vernehmet es und ſeyd nicht taub!

Achter Brief.

Genf, den 13ten August 1793.

Schäzbarer Freund!

Sollte es Ihnen als einem Kenner und Freund der Literatur wohl unangenehm seyn, wenn ich Ihnen einige Nachrichten von der hiesigen Stadtbibliothek ertheile? Sie wird nur Dienstags von 1 bis 3 Uhr eröffnet, und schließt einen vortrefflichen Schaz von Büchern in sich. Jeder Bürger hat freyen Zutritt, und jeder Fremde darf, auf Vorsprache eines Bürgers, Gebrauch von dieser gemeinnüzigen Büchersammlung machen. Vor einigen Wochen trug der Club fraternel des Genevois bei der National-Assemblee darauf an: daß diese Bibliothek des Freystaats künftighin jeden

den Tag eröffnet werden solle. Dieß wird aber wahrscheinlich nicht geschehen, und zwar aus billigen Gründen; denn die beyde Bibliothekare wohnen in diesem Collegio, worinn die Büchersääle erbaut sind, und sind zu jeder Stunde des Tages gegen Jedermann erbötig, die Sääle zu eröffnen und die verlangten Bücher verabfolgen zu lassen; man findet also keine Schwierigkeit das, was man daraus begehrt, zu erhalten, und hat folglich nicht Ursache, mit dieser bisherigen Einrichtung unzufrieden zu seyn.

Senebier, dieser würdige Greis, den ich, zu meinem großen Vergnügen, hier fand, und kennen lernte, hat als Bibliothekar einen räsonnirenden Catalog über die vorhandenen Manuscripte dieser Bibliothek ausgearbeitet und herausgegeben, der durch seine gründlichen Untersuchungen merkwürdig ist. Die wichtigsten oder merkwürdigsten Manuscripte sind folgende:

1. Die vier Evangelien, ein griechisches Manuscript, in gros Octav auf Pergament, es ist vom neunten Jahrhundert. 2. Dialogen über die Dreyeinigkeit, in Folio, auf Perg. auch vom 9ten Jahrh. 3. Ein chinesisches Manuscript auf Seidenpapier. 4. Eine Vulgata auf Perg. vom 9ten Jahrh. 5. Reden vom heiligen Augustin, auf
egyp-

egyptifchem Papier, vom 6ten Jahrh. — ein we=
gen feines Alterthums merkwürdiges Manufcript:
Ce Manufcrit eft très - curieux : il n'a point de
Virgules, elles ne commencèrent à paroitre
qu'au 7e fiècle: le papier d'Egypte étoit fait
avec l'écorce de l'arbre qu'on appelle papyrus,
les feuillets des livres, qui font faits avec ce
papier, font donbles, ou plutôt ils font collés
de manière que les filamens d'une des deux
écorces font placés de haut en bas, tandis que
ceux de l'autre croifent les premiers à angle
droit. 6tens ein Meßbuch, in Octav auf Per=
gament. 7tens Une Chronique d'Eufébe de Cé-
farée, traduite par St. Jérome, in Fol. fur Velin; ce manufcrit eft remarquable par la beauté
du velin, l'élégance de l'écriture et le goût des
ornemens: il l'eft encore parce qu'on n'y aper-
çoit aucune lettre gothique et que le caractère
reffemble affez aux premiers livres imprimés,
quoiqu'il foit du 13e fiècle. 8tens Un Tite-
Live, in Fol. fur velin; très - beau par les foins
et la propreté de l'écriture et par les belles miniatures et les lettres ornées. Dans la prèmière
miniature on a repréfenté le traducteur offrant
fon ouvrage au roi Jean, qui lui avoit donné
la commiffion de le faire. 9tens Le livre des
vices et des vertus, in Fol. fur velin, ce manufcrit

scrit est richement orné de miniatures et de bordures. 10tens Le Pelerin, en profe, in Fol. fur velin; n'eft pas moins enrichi que le précédent. 11tens Le Compendium, etc. in Fol. fur velin; fingulierement bien écrit, et les figures de mathématiques qu'on y voit font peintes avec toute l'exactitude et l'élégance poffible. Ce manufcrit eft l'ouvrage d'un moine qui vivoit en 1498. Diese literarischen Nachrichten ertheilt Bourrit in seinem Itinerär von Genf, und sezt hinzu: ich könnte, wenn ich unsern Senebier copiren wollte, dieser Liste noch mehr Ausdehnung geben, aber das Werk ist allzu intereffant, als daß man den Fremden nicht rathen sollte, sich solches anzuschaffen *).

Das Bibliothekgebäude ist ein Theil jenes Instituts, das Calvin zum Stifter, zum wohlthätigen

---

*) Herr Senebier ist ein fruchtbarer Schriftsteller, ich könnte eine ganze Seite, wenigstens mehr als ein Duzend, von ihm vorhandener Schriften hersezen; er ist Mitglied verschiedener berühmten Akademien, die Chymie hat ihm glückliche Entdeckungen zu verdanken und seine literärische Geschichte von Genf, in drey Bänden, ist ein ächt patriotisches Werk, und verdient gelesen zu werden.

thätigen Urheber seines Daseyns hat! Bourrit, der hier wohnt, und der sich durch die meisterhafte Darstellung der Glacieren, durch die würdige Schilderung der savoyischen Alpen, so rühmlich bekannt machte, sagt in seinem Wegweiser von Genf, von Lausanne und Chamouni: (auf den ich jeden Reisenden, der in diese Stadt kommt, aufmerksam machen möchte) daß jeder gute Bürger diesem großen Manne verbindlich seyn müsse; weil es eine ausgemachte Sache sey: daß Genf durch die Wissenschaften geblühet habe, noch eh es durch sein Commerz so glückliche Fortschritte gemacht. Durch die hier schon lange blühenden Wissenschaften habe Genf große Protektoren gefunden, und noch heutiges Tages begünstige Minerva die Künste, diese Quelle der genferischen Reichthümer; durch die Wissenschaften werde die Freyheit erhalten, die diese Stadt so glücklich mache, und dieselben seyen, in Gesellschaft der Geseze, zum Glück des Staates, zum Wohl des einzelnen, ein so mächtiges Hülfsmittel.

Ferner sagt er: „Calvin ist heutiges Tages selbst wegen dem Tode Servets gerechtfertiget; ihm hat Genf die Kirchen=Ordnungen zu verdanken, welche das Conseil=General im Jahr 1541 sanctionirte. Er war ein Reformator der Sitten; sein großer Muth, sein Eifer galten der

Re=

Republik statt mächtiger Protectoren, und er hatte den Ruhm, einen glücklichen und ruhigen Staat zurückzulassen." Dieß alte Gebäude umschließt einen geräumigen Plaz, einen sogenannten Hof. In dem untern Stokwerke dieses Collegiums (collége) befinden sich neun Classen, die für den Unterricht der Jugend, als eben so viel Abtheilungen, bestimmt sind. Dieß ist also dasjenige Institut, worinn die genferische Jugend von Generation zu Generation, von Stufe zu Stufe, ihren Unterricht, die Bildung und Aufklärung ihres Verstandes erhält ; dieß ist die Schule, worinn die Fähigkeiten jener großen Männer entwikelt wurden, die über ganze Welttheile Licht und Wärme verbreiteten, die, durch ihren sublimen und umfassenden Verstand, die Lehrer ganzer Nationen, ein Wunder ihres Zeitalters, ein Muster für die Nachwelt, und die Zierde ihres Vaterlandes wurden!

Die drey Sääle der Bibliothek werden ungefähr 50000 Bände in sich fassen, wozu noch mehr als 200, meistens kostbare Manuscripte können gezählt werden. Das Etablissement dieser Bibliothek rührt von dem berühmten Bonnivard, Prior von Sanct Victor, her; welcher am meisten zur genferischen Reformation, und zur Vergrößerung des

des Gebiets der Republik beygetragen hat; dadurch, daß er ihr alle Domänen, die er als Prior besaß, zum Vermächtniß hinterließ. Die Bibliothek hat auch einen großen Zuwachs unter der Direction des gelehrten Abauzit und der des Professor Jalaberts erhalten; ferner wurde sie durch die Grosmuth des Professor Lullin, der ihr mit allen seinen Büchern und Manuscripten ein Geschenk machte, sehr vermehrt. Das Gouvernement hat auch zu verschiedenen Zeiten zu ihrer Vergrößerung beygetragen, und noch täglich vermehrt sie sich durch Geschenke von Privatpersonen. Wie überraschend war für mich der Anblick, als ich das erstemal in den vordern Büchersaal trat! Von allen Seiten der hohen Wände glänzten mir die vortrefflichen Produkte erhabener und schöner Geister, gelehrter und scharfsinniger Männer, entgegen. Welch eine zierliche Ordnung! Welch ein splendider Einband, wie man ihn überhaupt an französischen Büchern gewohnt ist! Folianten und Quartanten, Octav- und Duodezbände wetteiferten miteinander um den glänzenden Vorzug. Hier ist ein kurzes Detail von der Anordnung, dem innern Werthe und der Organisation dieser Bibliothek: gleich beym Eintritte stehen zur Linken die Poëtæ regentes; Milton, Molière, Boileau, Racine und noch andere fallen sogleich ins Auge.

Zur

Zur Rechten des Eingangs, neben der Thüre, sind die Poëtae veteres aufgestellt; Homer, Virgil, Horaz und Ovid strahlen als Sterne der ersten Größe des Alterthums, unter der Menge anderer hervor. Alsdann folgen die Oratores, Rhetores, Grammatici und Philologi. Die Concilia und andere Werke der Theologen, Biblia, Psalteres, worunter ich einen Abyssinischen und Moscovitischen wahrnahm, sind derjenige Theil, der den vordern Saal gröstentheils ausfüllt. Beym Eintritte in den innern Saal erblickt man sogleich die Diaria, und die alten und neuen Geschichtschreiber. Die Historici stehen ungefähr in folgender Ordnung: Galli, Germanici, Helvetici, Septemtrionales, Angli, Itali, Hispanici, Belgici, Chinenses, römische und griechische Geschichtschreiber; auch ist die Historia literaria nicht unbedeutend; von Reisebeschreibungen fand ich die neuesten und besten Werke. Antiqui, Geographi, Monumenta und Heraldik sind nicht minder bemerkenswerth. Das Jus civile, canonicum, Gentium und Jus naturale nehmen zusammen eine mehr als mittelmäsig große Stelle ein. Das Fach der Physik und Mathematik ist mit kostbaren Werken versehen. Naturgeschichte, Botanik, Zoologie und was sonst noch dazu gehört, verdient bemerkt zu werden; Biblia Naturae Swammerdammi,

dammi, die Werke Aldrovands, Gesner de Avibus., Aquatilibus et Quadrupedibus nebst den Werken Büffons und Linne's, mögen wohl die vorzüglichsten dieses Faches seyn; von Abbildungen aus der Naturhistorie fand ich: Allioni, flora pedemontana; Catesby, Blackwell's, Morison, Merian und vielleicht noch einige andere, die mir aber entfallen sind. Im medicinischen Fache entdeckte ich manches alte und gute Buch: Hippocrates et Galenus, Avicenna et Aretæus Cappadox, Hofmannus, Fabricius ab Aquapendente, Sennert, Fabricius von Hilden, Boerhave, Hollerius, Haller, Ramazzini, Lusitanus, Sydenham und Baglio, welche Namen, welche Männer, welche Geistesprodukte! Freind und Cullen, Sauvage und einige gute deutsche Schriftsteller dieser Wissenschaft, findet man hier von Rechts wegen. Die Commentaria, Acta litteraria, Transactions, Encyclopädien und wissenschaftlichen Magazine verschiedener Nationen, der vorzüglichsten Akademien von Europa, dieß alles wird man hier nicht vergeblich suchen. Die Werke der Britten, die wahrscheinlich von Engländern hieher gestiftet worden, sind mit einer solchen splendiden Pracht geziert, die alles andere dieser Art weit übertrifft, mit einer Pracht, die jener sublimen, gelehrten und geistvollen Autoren vollkommen

G würdig

würdig ist. In dieser Glorie strahlen hervor: Milton, Baco von Verulam, Boyle, Addison, Pope, Locke, Swift. Daß ich die erhabensten von allen Philosophen, einen Neuton und Leibniz, nicht vergesse!

Noch eine Merkwürdigkeit dieser Bibliothek muß ich anführen: von dem vordern Büchersaale geht man durch eine Seitenthüre in das Naturaliencabinet; das Zimmer ist nicht sehr groß, was zuerst darinn auffällt, ist ein Glaskasten, worinn allerhand seltene Produkte des Thierreichs im Weingeiste aufbewahrt werden; Seltenheiten des Meeres und der Erde, Fische, Vipern, Mißgeburten, Crocodils-Eyer, Eidechsen und Frösche sind die entseelten Bewohner dieser transparenten Welt. Diese drohende und abominable Schaar schreckte einige junge Genferinnen, in deren Gesellschaft ich da war, nicht ab, sich dem Glaskasten zu nähern, und mit einer, diesem holden Geschlechte eigenen, Neugierde, die mich frappirte, die ganze fürchterliche Gruppe staunend zu betrachten, und sich lange dabey zu verweilen; eben so neugierig und aufmerksam betrachteten sie nachher ein weibliches Skelet. Eine Menge römischer Vasen und Urnen von Herkulaneum stunden auf Schränken.

Madre-

Madreporen, Arborescenzen, Artefacten, Fossilien, Crystallisationen, Conchylien und was sonst noch in ein Naturaliencabinet gehört, findet man hier, nebst einer Insektensammlung, zwar gut angeordnet, jedoch nicht in großer Anzahl; dafür aber sind die Privatcabinete eines de Saußüre und de Lüc desto mannigfaltiger, vollständiger und reicher an seltenen und schönen Naturprodukten und Merkwürdigkeiten dieser Art. Ferner ist noch zu sehen, eine künstliche Uhr mit einem Glocken- und Marionettenspiel; ein Himmelsglobus von dem Engländer Adams verfertiget, und ein Grundriß der Stadt Genf mit ihren zauberischen Revieren. Jezt laßt uns zu dem lezten nicht minder merkwürdigen Gegenstande dieser Bibliothek übergehen! In dem Naturaliencabinet sieht man das Portrait eines Louis quinze samt dessen Gemahlin; einen Dablancourt, Petitot, Mayerne, Descartes, Fontaine, Bourdillon, Le Clerc, Baile und Catharine de Medicis. In dem vordern Büchersaale erblickt man einen Card. Richelieu, Fr. Rabelais, Sarrasin, Jaques Godefroi, Marot, Rohan, Carl den ersten von England, Carl den neunten aus Frankreich, Gustaph Adolph, Duc de Guise, Connétable de Montmorenci, Heinrich den Dritten und den Vierten. Izt tretten wir in den innern Saal und

und nähern uns ehrerbietig den Bildnissen jener großen, gelehrten und unsterblichen Männer! Wir wollen den Anfang mit den Polygraphen machen: es erscheine ein Hugo Grotius, ein Erasmus und Scaliger, ein Frischlin, Spanheim, Butini und Wilhelm Budens; jene ausserordentlichen Phänomene der gelehrten Welt! Die andern will ich der Reihe nach hersezen: Die Coligni; Odet, Caspard, François, Briquemaud, Auguft Roi de Pologne, Anne d'Autriche, Louis quatorze, Wilhelm der Dritte, Anton Chaudieu, Simon Goulart, Pièrre Prévoft, Jean Diodati, Fréderic Spanheim, Theodor Tronchin, Benedict Turrettin, François Turrettin, Philipp Muftrézat, Louis Tronchin, Philipp Diodati, fils de Jean. Benedict Pictet, Anton Léger, Jean Alphons Turrettin, Jean Claude, Charles Drélincourt, Jean Muftrézat, Jean Duillé. Die Büsten folgender römischen Kaiser: Julius Cæfar, Auguftus, Tiberius, Caligula, Claudius, Nero Claudius, Serg. Galba, Ser. Otto, Vitellius, Vefpafianus. Titus Vefpafianus, Domitianus. Nun gehen wir über zu den Reformatoren der Kirche; zu jenen Lichtern in der moralischen Welt: Jean Calvin, Luther, Wycleff, Jean Hufs, Ulrik Zwingli, Guil. Farel, P. Viret, Theodor de Béze, Philipp

Me-

Melanchthon; wer kennt diese ehrwürdigen und unvergeßlichen Namen nicht? Servetus von Arragonien blieb mir in einem Winkel des Saales nicht verborgen, auch nicht Friedrich der Zweyte zu Pferd. Endlich das Portrait eines Neckers, die Büste und das Portrait eines Rousseau, und das Bild und die Büste Carl Bonnets!

Was ist der Weisheit schönster Preis?
    Ruhm und Unsterblichkeit!
Dieß ist der Lohn für Müh und Fleiß;
    Für einen Tropfen Zeit!

O Genf! in deinem Büchersaal,
    Was ward mir da zu Theil?
Ich sag' es mehr als tausendmal:
    Geneva, dir sey Heil!

Wer Wissenschaften schäzt und liebt,
    Der muß dir günstig seyn;
Seht, was uns ein Geneva gibt:
    Carl Bonnet, Genf, ist dein!

Carl Bonnet, sey mein Lobgesang;
   Er ist Geneva's Zier!
Dir töne meiner Harfen Klang;
   O Freund der Menschheit, dir!

Neunter Brief.

Mittags den 14ten August.

Würdiger Freund!

Gestern Nachmittag um 3 Uhr fiel mir ein, die hydraulische Maschine zu sehen, vermittelst welcher das Wasser aus der Rhone, durch bleyerne Canäle oder Röhren, in alle Theile der Stadt geleitet wird. Gewiß, ein sehenswerthes und künstliches Werk; das für seinen Erfinder, so lang Geneva Brunnen hat, ein Monument der Bewunderung, ein sprechendes Denkmal seines Kunstgenies seyn wird. Die Aufsicht darüber ist dem berühmten Mechanikus Paul anvertraut, der sich durch Verfertigung physikalischer Instrumente und

und besonders durch die Vervollkommnung des Barometers bekannt gemacht hat; durch ihn erhielten jene Hygrometer den Grad ihrer Vollkommenheit, deren sich de Saußüre mit so glücklichem Erfolg auf seinen Alpenreisen bediente. Diese Maschine ist auf einem Arm der Rhone angebracht, gerade da, wo sie sich dem ruhigen See mit Ungestümm aus den brüderlichen Armen reißt; eine Art von Untreue, von Undank!

Nachdem er, der reizende Leman, diese seine buhlerische Schöne so zärtlich umarmte und liebkoßte, sie so willfährig in seinen Schoos aufnahm, mit ihr so innig sich vereinigte, so harmonisch mit ihr zusammenfloß; so läßt sich die Wollüstige doch einfallen, ihren Geliebten zu verlassen, und seinen Umarmungen zu entfliehen.

Ihr Mädchen! Ist dieß nicht ein Bild,
 Ein Bild von eurem Herzen?
Oft liebt ihr rasch und zeigt euch mild,
 Und lockt mit tausend Scherzen;
Und habt ihr dann gewonnen Spiel,
So täuscht ihr unser zart Gefühl;
 Dieß macht uns tausend Schmerzen.

        Drum

Drum sag' ich euch ins Angesicht:
Verschont uns doch, und täuscht uns nicht,
Und liebt, und liebt von Herzen!

Nun wieder zur Maschine: ein Rad von vier und zwanzig Schuh im Durchschnitt, ist die Triebfeder des ganzen colossalischen Werks. Der verlängerte Baum dieses Rads trägt sechs Pentagone, jedes Pentagon sezt einen Hebel, in Form eines Winkelmaases, in Bewegung, und an jeben Hebel ist ein Steigbügel als Stempfelträger befestigt, die sechs Stempfel wirken wechselsweise auf die ihm correspondirenden Pompen, und treiben das Wasser in zwey Behälter; der eine steht sechzig Fuß hoch über dem Niveau der Rhone, und versorgt die Brunnen der untern Stadt, der andere erhebt sich hundert und sechs und zwanzig Schuh über das Niveau dieses Stromes, und schikt sein Wasser durch bleyerne Röhren den obern Quartieren. Das Totalprodukt ist ungefähr fünfhundert Pinten oder Maaß in jeder Minute. Durch die Sorgfalt und Einsicht des oben erwähnten Künstlers ist eine Verbesserung angebracht worden, daß nämlich Winterszeit, vermittelst einer besondern Vorrichtung, das treibende Rad vor dem fesselnden Froste verwahrt werden kann. Sie sehen also hieraus, mein Bester, daß man in

Genf lauter Seewasser trinkt, das aber nichts weniger als unangenehm oder für die Gesundheit nachtheilig ist; man stellt es Sommerszeit, um es zu erfrischen, in den Keller, oder bedient sich des Eises, das man wohlfeil und in großer Menge hier haben kann, und welches von den benachbarten Glacieren Savoyens hieher gebracht wird.

See von Geneva! mit Recht heissest du: Genfer-See; mit Recht hast du das Panier dieser holden Stadt angenommen. Lac de Genève! weht nicht die genferische Flagge auf deinem azurnen Wasserspiegel? See von Geneva! wie oft schwimmt nicht das genferische Lustschiff, mit rosenwangigten und lilienhaften Mädchen angefüllt, — Jubel und Entzücken um sich her verbreitend — auf deiner glänzenden Fläche, auf deinen bebenden und sanftwallenden Wellen! Lac de Genève! wie oft trägt dein nasser, bald muthwilliger und scherzender, bald drohender und schröckender Rükken, das genferische mit allen Schäzen der Natur und Kunst beladene Lastschiff! Lac de Genève! Finden nicht deine brausenden Wogen, deine in Wut gejagten Wellen an den Wällen Geneva's einen unüberwindlichen Damm? Lac de Genève! Genießt nicht oft der genferische Jüngling, an der Seite seines geliebten Mädchens, auf deiner

krys

kryſtallenen Tafel ſein ländliches Mahl? Hüpft nicht das muntere Schiff, mit ſeiner ſüſſen und wonnetrunkenen Laſt, über deine liebkoſenden Wellen dahin? Tanzt nicht der erhabene Maſtbaum, zu ſeinen Füßen die frohlockende Schaar erblickend, auf deiner wogenden Fluth ſiegprangend einher? Liſpeln nicht die ätheriſchen Lüfte, die ſäußelnden Winde, ihr frohes Entzücken in deine gekräuſelten Wellen, und ſchwellen ſie nicht mit ihrem belebenden Odem das geflügelte Segel? Eilt nicht das verherrlichte Schiff, bey der Ankunft des Abends, unter dem Schall der Poſaunen, unter dem Donner der Canonen, unter dem Frohlocken der Jünglinge und unter dem jauchzenden Geſang der zärtlichen in Vergnügen zerfließenden Mädchen, — eilt es nicht mit triumphirendem Stolze in den freundlichen Hafen, der es mit offenen Armen empfängt? Lac de Genève! Strömſt du nicht mit deiner ganzen Fülle auf Geneva's Hallen zu? Biſt du nicht die unverſiegbare Quelle der dir ſo treulos aus den Armen ſtürzenden Rhone? Und ſtillt nicht ganz Geneva mit lechzenden Lippen und mit ſchmachtendem Gaumen, an deinen vollen Brüſten ſeinen brennenden Durſt? Endlich, Lac de Genève! Biſt du nicht der Mittelpunkt von aller Schönheit und Größe der Natur? Vereinigen ſich nicht um deine

zau-

zauberischen Ufer alle Herrlichkeiten der Erde?
Streckt nicht dir zur Seite der colossalische Mont-
Blank, von seinen gigantischen Satelliten umge-
ben, sein bald blendend weißes bald goldenes
Haupt majestätisch über die Wolken empor?
Steigt nicht in deinem Angesichte, du silbernes
Meer, die östliche Sonne, mit allen Reizen des
Himmels und der Erde übergossen, triumphirend
über die Schneeberge Savoyens hervor, und strömt
sie nicht am hohen Mittage dir ihren ganzen
Lichtstrom entgegen? Tritt sie nicht, die ma-
gische Königin, dir zur Seite, hinter dem mächtigen Jura, in voller Zauberpracht, über die Gefilde Galliens, in den westlichen Ocean hinab?
Und sie, die gloriöse Schöne, vergoldet sie nicht
mit ihren lezten Strahlen, küßt sie nicht mit ihren purpurnen Lippen, im Angesichte des Himmels und der Erde, den olympischen Mont=Blank?

Der Genfer=See zur Abendzeit.

Das hocherhabne Licht, der lezte Strahl der Sonne,
    Entzieht sich unserm Angesicht.
Die Himmel trauern tief, denn aller Sphären Wonne,
    Das Licht, ist hin, das goldne Licht!

Der

Der Erdball trauert tief, es hüllen sich die Wäl-
der
In Dunkelheit und Schatten ein.
Es schweigt der Vögel Chor, die saatenschwangern
Felder
Verlieren ihren goldnen Schein.

Der Nachttrabante schwebt dort in der grauen
Ferne,
Und spiegelt sich in Luft und Meer.
Dort prangt am Horizont das Heer der lichten
Sterne;
Der Himmel wölbt sich drüber her.

Der Landmann eilt zur Ruh; der Hirt mit seinen
Schaafen,
Schließt sich in seine Hürden ein.
Der halbe Theil der Welt beschäftigt sich mit
schlafen,
Und lässet fünf gerade seyn.

Der Bootsmann säumt sich nicht, die Segel aus-
 zuspannen;
 Er wogt dem sichern Hafen zu.
Kein Sterblicher vermag den Schlaf hinwegzu-
 bannen.
 Seht, alles gähnt nach Schlaf und Ruh!

Dort flimmert schon das Licht auf der bewachten
 Höhe;
 Der Wächter auf dem Kirchenthurm
Schaut über Berg und Thal, und blicket in die
 Nähe;
 Und trozet dem erbosten Sturm.

Izt aber schwing ich mich auf kühnen Adlers-
 flügeln
 Zu meines Lemans Ufern hin.
Betrachte hoch herab, von den erhabnen Hügeln,
 Geneva's See, so gros und schön!

Es strömt der Rhodanus von Gotthards fernen
    Höhen
  In rascher Majestät heran;
Und wälzt sich schäumend fort durch Wallis Py-
    renäen,
  Und eilt zum reizenden Leman.

Seht, wie die Beyde sich so brüderlich begrüßen,
  Der Leman und der Rhodanus!
Und wie harmonisch sie in eins zusammenfließen,
  Verschwunden ist der rasche Fluß!

Izt aber preis ich dich, du Meer der Lust und
    Freuden!
  Frohlockend töne mein Gesang!
In lauter Harmonie soll sich mein Jubel kleiden,
  Der nie so mächtig aus mir drang.

Mit kühner Zuversicht, mit unsichtbaren Kräften,
  Beginn ich dieß mein hohes Lied!
Mein ganzes Augenmerk will ich auf dich izt heften,
  Auf dich, der alles an sich zieht!

Still-

Stillwogend wandelſt du, nicht wild, nicht voll von
 Klippen,
Auf deiner auserkornen Bahn;
O, flöße mir mein Lied ſo lieblich von den Lippen,
 Dir gleich; o reizender Leman!

Mit wallender Begier, in himmelreiner Zierde,
 Strömſt du Geneva's Hallen zu!
O, daß dein Zauberbild doch jedes Weſen rührte!
 Denn ſchön, denn reizend ſchön biſt du.

Scheint nicht die Sonn' oft ganz ihr Licht auf dich
 zu gießen,
Auf dich, ihr ſchönſtes Ebenbild?
Dann ſcheint's, als wollteſt du in Herrlichkeit zer-
 fließen,
 Womit ſie ſtrahlend dich erfüllt!

Doch nicht die Sonn' allein leiht dir ihr Zauber-
 weſen;
 O nein! des Himmels ganze Pracht
Kann man in deiner Fluth im Wiederſtrahle leſen,
 In einer ſternenvollen Nacht.

Izt gleitet mein Gesang mit lieblichem Gefieder
   Auf dem sanftwogenden Leman;
Die Muse lässet sich aufs Luftschiff jauchzend nieder,
   Und fängt ihr Lied von Neuem an.

Die Segel sind geschwellt, die bunten Flaggen
      wehen;
   Die Brüderschaft steigt jauchzend ein.
Solch eine Herrlichkeit muß man frohlockend sehen,
   Was kann, was kann wohl schöner seyn?

Von dieser neuen Pracht, von diesem Wunder-
      wesen,
   Von dieser kühnen Wasserfahrt,
Hab ich in Büchern zwar die Schilderung gelesen;
   Doch alles weicht der Gegenwart!

Hört der Trompete Schall, den Donner der Ca-
      nonen,
   Und sagt, ist euch dieß Spiel nicht neu?
Geneva! Läßt es sich in dir nicht glücklich wohnen?
   Ja, unabhängig, gleich und frey!

Du hochbeglückte Stadt! Was soll ich von dir
singen?
Was hat mein Herz in dir gefühlt!
Glaubt, Freunde, glaubt es mir, dem muß sein
Werk gelingen;
Der seine Rolle muthig spielt!

———

Zehnter

Zehnter Brief.

Abends am 15. August.

Je öfter, je ernstlicher und je gründlicher man denkt, um so schneller, lebhafter und besser lernt man denken; je öfter man denkend schreibt, um so fertiger und vortreflicher lernt man schreiben; je feiner und inniger das Gefühl, um so schärfer und treffender ist die Urtheilskraft; je zärter und richtiger der Geschmack, um so gebildeter, reiner und geläuterter ist die Einbildungskraft; je erhöhter und geübter die Empfindsamkeit, um so wärmer und veredelter ist das Herz; je edler das Herz, je gründlicher der Verstand, um so sublimer, und gleichsam über sich selbst erhaben, ist der Mensch! Je mehr man die Menschen schäzt und liebt, um so mehr wird man von ihnen geschäzt und geliebt. Je mehr man auf sich selbst auf=

aufmerkſam iſt, und über ſein eigenes Herz wachen lernt, je mehr man Herr ſeiner Leidenſchaften und Regent ſeiner Phantaſie wird, um ſo richtiger lernen wir andere beobachten, um ſo billiger und ſchonender werden wir ſie beurtheilen; und um ſo genauer lernen wir die Blendwerke der Phantaſie und das Triebrad der Leidenſchaften, das Herz des Menſchen, kennen. Wo iſt der Künſtler, der in den erſten Stunden ſchon den Gipfel ſeiner Kunſt, das Lob der Unverbeſſerlichkeit, erreicht und erhalten hat? Wo iſt der Mahler, der bei ſeinen erſten Verſuchen ſeinen Gemählden denjenigen Zauberreiz gegeben, der ſelbſt den Kenner zur Bewunderung hinriß, woran ſelbſt das ſcharfſichtigſte Auge keinen Pinſelſtrich zu tadeln fand? Wo iſt der Tonkünſtler, der durch ſeine erſten Töne Ohren und Herzen dahin riß und bezauberte? Der durch jeden Saitenzug, durch jede Bewegung der Lippen, durch jeden Hauch in das Blaseinſtrument, durch jeden melodiſchen Laut das delicateſte Ohr befriedigte, der ſich den Harmonien der Himmel und dem Zauberklange der Sphären in ſeinen erſten Tonſtunden näherte? Natura non facit saltum! Wir ſtammeln erſt, ehe wir reden lernen; wir kriechen erſt auf den Händen, laſſen uns erſt am Gängelbande leiten, ehe wir allein, aufrecht und gerade

gehen

gehen und stehen können. Verstand kommt mit den Jahren: so sagt das Sprüchwort. Die natürlichste Consequenz daraus ist: je älter, je verständiger; je jünger, je unwissender. — Wahr ist aber die Anmerkung: wenn man jung ist, so solle man lesen, mit Auswahl lesen, so viel man verdauen, so viel man prüfend lesen kann! Man soll sich das, was man lieset, nemlich das Gute, Schöne, Edle, Wahre und Vortrefliche, eigen zu machen suchen; prüfet Alles, das Gute behaltet und meidet allen bösen Schein! Werft die Schaale weg, und seyd zufrieden, wenn ihr einen gesunden und reifen Kern bekommet.

Wie alt muß man seyn, um ein Buch zu schreiben? In welchen Jahren ist der Verstand reif? Die Majorennität des Geistes läuft nicht immer mit der Volljährigkeit des Körpers parallel; die Minderjährigkeit des Jünglings hat nicht immer die Minorität seines Verstandes zur Folge. Oft zeigt der Eine, noch jung an Jahren, daß sein Verstand reif sey; wenn der Andere, grau an Bart und Haaren, das Kindische und Unreife seines Verstandes sehen läßt. Gut und lobenswürdig ist es, wenn Geist und Körper, Verstand und Herz einander brüderlich die Hand bieten; wenn sie sich wechselsweise in ihren Functionen unter=

unterſtützen. Aber laßt den Körper den möglich⸗
ſten Grad ſeiner Entwicklung und Ausbildung er⸗
reicht haben; wird alsdann auch der Geiſt ſtille
ſtehen, wird er aufhören ſich zu veredeln; oder
wird er ſeine höchſte Ausbildung, ſeine beſtmög⸗
lichſte Vervollkommnung alsdann ſchon erreicht
haben, wann der Körper auf der lezten Stufe
ſeiner Perfectibilität ſteht? Dieß ſey ferne; erſt
dann fangt der Geiſt an, ſich in ſeiner Glorie
und vollen Wirkſamkeit zu zeigen, wann der Kör⸗
per aufhört zu wachſen, wann er ſeiner möglich⸗
ſten Ausbildung nahe iſt, und alſo die Verrich⸗
tungen des Geiſtes, ſeines unſterblichen Bruders
und Gebieters, durch ſeine körperliche Aſſiſtenz
harmoniſch unterſtüzen kann. Die Naturforſcher
ſagen uns: der Conſens zwiſchen Seele und Leib,
zwiſchen Geiſt und Körper ſey ſo innig und ſtark,
daß kein Theil ohne den andern ſubſiſtiren könne;
daß der Schmerz des einen das Wohlgefühl des
andern herabſtimme und vermindere; daß die Luſt
des einen die Unluſt des andern ſchwäche und
tilge. Die reizenden Schäze der ſchönen Natur,
die ich mit meinen Sinnen genieße, ergözen mei⸗
nen unſichtbaren Geiſt; das Entzücken meines
Geiſtes ſtrahlt aus dem Auge, mahlt ſich auf
meinen Wangen und bringt durch mein ganzes
Nervenſyſtem. Da iſt immer Wirkung und Gegen⸗
                                     wirkung,

wirkung, Urſache und Effect; kein Stillſtand, keine Ruhe iſt in der ganzen Natur; entweder Abnahme oder Zunahme. Der Tod des einen hilft dem andern zum Leben, iſt ein Keim ſeiner Entſtehung; aus der Aſche dieſes Geſchöpfs ſammelt ſich jene Creatur den Stoff zu ihrer Fortdauer. Was bey jenem eine Urſache zum Verberben war, das wird bey dieſem ein Mittel zur Erhaltung. Der Anblick und wütende Ueberfall des reiſſenden Tigers, ſchreckt die zahme Heerde auseinander, und für den blutdürſtigen Tiger iſt eben dieſes die ſchönſte Gruppe, woraus er ſich ſeine Beute nach Belieben wählen kann. Das Glück dieſer Perſon iſt für die andere Quaal und Folter! Wie weit ließen ſich dieſe Betrachtungen nicht ausdehnen? Sie ſind wahr, ſie ſind im Laufe der Dinge gegründet. Was wird zulezt aus dem Körper? Wohin fliehen ſeine Elemente? Wie beſtruirt ſich ſein organiſches Weſen? Fragen, die uns unwillführlich einfallen müſſen, die ſich uns durch den Anblick der ſchaffenden und zerſtörenden Natur von ſelbſt aufdringen.

Glücklich, dreymal glücklich, daß ich weiß, woher ich komme, was ich ſoll und wohin ich gehen werde! Wohin? Siehſt du Licht in jenem Dunkel, wohin ſchon Millionen wanderten, von woher noch keiner zurückkam? Ja, ich sehe Licht; hier ist keine Täuschung; kein Betrug findet hier statt. Wohin ich mein Auge, die Sehkraft meines Geistes, richte, sehe ich Klarheit, unwandelbares Licht. Immer dieselben Gestalten, dieselben Veränderungen, dieselben Abwechselungen, dieselben Erscheinungen und dieselben Verwandlungen. Ewige Nacht muß weichen, wo ewiges Licht herrscht; ewigen Finsternisse müssen schwinden, wo ewige Klarheit thront.

Was seh' ich? Was hör' ich? Gestalten einer andern Welt, den Jubel frohlockender Geister. Was naht sich mir mit leisen bebenden Tritten? Welch ein Schauer füllt die Lüfte nm mich her! Welche Schrecken steigen herab aus dem Himmel!

Welche Mächte, welche furchtbaren Mächte wandeln auf der zitternden Erde!

Blut, Tod und Verheerung, Hunger und Pestilenz sind im Gefolge dieser furchtbaren Boten des Himmels!

Die Sterne erblassen, die Sonne verbirgt sich; das Licht wird zur Finsterniß, der Tag zur Nacht; Schrecken und Entsezen verbreiten sich über jedes belebte Wesen; die ganze Natur, eingehüllt in den Flor der Nacht, zagt und trauert! — —

Und

Und ach! Ist es die Menschheit nicht,
    Die diesen Jammer fühlt?
Und zittert nicht der Bösewicht,
    Der sonst mit Freveln spielt?

Was ist die Welt? Was wird aus ihr?
    Schnell wie das Abendroth,
Verschwinden Lust und Pracht und Zier;
    Und überall herrscht Tod.

Und alle Himmel, hoch und hehr,
    Das weite Sternenfeld,
Die Luft, das Schaarenvolle Meer,
    Der Kreis der ganzen Welt,

Und alle Dinge, gros und klein,
    Zertrümmern in ihr Nichts;
Wann alles wird vollendet seyn
    Am Tage des Gerichts!

Eilfter Brief.

Morgens am 17ten August.

Nun, Freund meines Herzens! noch etwas über die gegenwärtige Weltlage. Empörung, Streit, Krieg und Blutvergießen scheinen der herrschende Karakter unseres Zeitalters, die herrschende Sucht unseres Jahrzehends geworden zu seyn! Die große Anzahl herz= und sittenverderbender Schriften, die unedle Absicht, sie geschwind und allgemein bekannt zu machen, und ihr süßes Gift überall zu verbreiten, die ohnedem große Empfänglichkeit des menschlichen Herzens für alles, was seinen Lüsten und verdorbenen Neigungen schmeichelt, seine Abneigung gegen alles, was Anstrengung und Ueberwindung kostet, der Hang zur Sinnlichkeit, die Macht der Gewohnheit, die Gewalt der Leidenschaften, alles dieß sind eben

so

so viel Lockungen und Fallstricke zum Verderben, eben so viel Hindernisse auf dem Pfade der Tugend! Was ist die Tugend? Sie ist, sagt Gellert, keine eigenwillige Erfindung der Vernunft.

Sie ist kein Wahlgesez, das uns die Weisen lehren;
Sie ist des Himmels Ruf, den nur die Herzen hören;
Ihr innerlich Gefühl beurtheilt jede That,
Warnt, billigt, mahnet, wehrt und ist der Seele Rath.
Wer ihrem Winke folgt, wird niemals unrecht wählen;
Er wird der Tugend nie, noch ihm das Glücke fehlen!

Die Menschen streben nach Freyheit, Gleichheit und Unabhängigkeit; sie machen diese Vorrechte jedes vernünftigen Geschöpfs zum Preise ihres Lebens! Um glücklich zu werden, machen sie einander selbst unglücklich! Um ihre Absichten zu erreichen, morden sie einander auf eine gesezmäsige Art, und tödten sich nach der Taktik. Um auf der einen Seite wieder zum Besize seines Eigenthums zu kommen, und auf der andern Seite Gewaltthätigkeit und Unterdrückung von sich zu entfernen, stellen sie Heere gegen Heere, senden

Tod

Tod und Verderben einander mörderisch zu, vergießen Ströme Bluts, und häufen Schlachtopfer auf Schlachtopfer! — —

Um frey zu seyn, braucht man keine Mordgewehre bey sich zu tragen; um unabhängig zu werden, reiße man sich das despotische Joch der herrschenden Lüste und unersättlichen Begierden zuerst vom Halse; um einander gleich zu seyn, stürze man zuerst den tyrannischen Thron der Leidenschaften in seinem eigenen Herzen um, und rotte aus und vertilge, was nicht mit der Freyheit des Herzens und des Gewissens bestehen kann; und werde sich alsdann gleich, an Adel der Seele, an Größe und Erhabenheit der Gesinnungen und an Güte des Herzens! Kurz, um glücklich zu werden, stürze man sich nicht selbst und andere ins Unglück; um brüderlich zu leben, verschließe man sich selbst Thor und Riegel zum Abgrunde des Verderbens! Um die Glückseligkeit, das beste Gut auf der Erde, zu finden, beraube man einander nicht seines Eigenthums und seiner Rechte! Um ruhig und ungestört zu leben, jage man einander nicht aus dem Lande; verheere nicht Saaten und Wohnungen, Städte und ganze Provinzen mit der Schärfe des Schwerdts, mit den infernalischen Feuerschlünden und mit der mordbrennerischen Fackel des Aufruhrs! —

Um

Um endlich sicher und im Frieden zu wohnen, überziehe man einander nicht mit Krieg, krümme das Schwerdt zur Sichel, und schmelze das Feuerrohr zur Pflugschaar um; man verwandle das Kriegszelt in eine Friedenshütte, wo Liebe und Eintracht einander küssend begrüßen, wo Gerechtigkeit und Unschuld einander schwesterlich umarmen, wo Zufriedenheit herrscht, und Glückseligkeit regiert, wo das Laster auf ewig verwiesen und ausgewandert ist, und wo die Freyheit der Seele, die Tugend, unaufhörlich triumphirt!

O wenn nur aller Menschen Ehre,
Die Neigung, andre zu erfreun,
Die Zärtlichkeit und Liebe wäre;
Welch Glück wär' es, ein Mensch zu seyn!
Wenn sie einander froh umfiengen,
Und nie durch Tücke hintergingen,
Durch Neid und Rachgier nie entstellt;
Wenn niemals andre Thränen flößen,
Als welche Lieb' und Dank vergößen,
Wie göttlich wäre dann die Welt!

Gellert.

Zwölfter

Zwölfter Brief.

Am 18. August.

Vortreflicher Freund!

Daß ich von jeher fleißig in die Kirche gegangen, und stets ein aufmerksamer Zuhörer war; ist Ihnen so gut bekannt, als ich es mir selbsten bewußt bin. Unpäßlichkeit halber kann ich am heutigen Sonntage dem öffentlichen Gottesdienste nicht beywohnen; ich werde mich also für dießmal meinen eigenen religiösen Betrachtungen überlassen. Das Kirchengehen ist bey mir nicht Gewohnheit, nicht Ceremonie und noch weniger Scheintugend; sondern ganz das, was es von Rechts wegen bey jedem vernünftigen und wahren Christen seyn soll: eine

eine lebendige Erweckung zur Tugend, eine öffentliche Aufmunterung zum Gebet, eine gemeinschaftliche Erhebung des Geistes zum Thron der ewigen Liebe, eine gläubige Annäherung des Herzens zum Urheber und Erhalter unseres Daseyns.

Welch Glück! so hoch geehrt zu werden,
 Und im Gebet vor Gott zu stehn!
Der Herr des Himmels und der Erden,
 Bedarf der eines Menschen Flehn?

Ist nicht der öffentliche Gottesdienst ein freyer und zuversichtlicher Hinzutritt im Geiste zum Heiligthum der Himmel, und ein brüderlicher Mitgenuß des göttlichen Segens und der himmlischen Güter?

Versäume nicht in den Gemeinen
Auch öffentlich Gott anzuflehn,
Und seinen Namen mit den Seinen,
Mit deinen Brüdern, zu erhöhn;
Dein Herz voll Andacht zu entdecken,
Wie es dein Mitchrist dir entdeckt,
Und ihn zur Innbrunst zu erwecken,
Wie er zur Innbrunst dich erweckt!

O Freund! welch ein unschäzbares Kleinod
ist die Religion! Ohne sie, die Göttliche, möchte
ich nicht Mensch, nicht vernünftiges Wesen seyn.

Gott will, wir sollen glücklich seyn,
Drum gab er uns Geseze.
Sie sind es, die das Herz erfreun,
Sie sind des Lebens Schäze.
Er redt in uns durch den Verstand,
Und spricht durch das Gewissen,
Was wir, Geschöpfe seiner Hand,
Fliehn, oder wählen müssen.

Ihn fürchten, das ist Weisheit nur,
Und Freyheit ists, sie wählen,
Ein Thier folgt Fesseln der Natur,
Ein Mensch dem Licht der Seelen.
Was ist des Geistes Eigenthum?
Was sein Beruf auf Erden?
Die Tugend! Was ihr Lohn, ihr Ruhm?
Gott ewig ähnlich werden!.*)

Betrachte

*) Gellert.

Betrachte den Christen, den regenerirten Menschen, den, der durch That und Leben auf die gottähnliche Würde des Christen Anspruch machen kann; betrachte ihn, und du wirst in seinem ganzen Betragen, in allen seinen Handlungen, eine Hoheit des Geistes, einen Adel des Herzens entdecken, die nur das Eigenthum eines Freundes der Gottheit, nur die Vorzüge eines Lieblings der Allmacht, die nur die Eigenschaften einer großen Seele seyn können. Der Mensch, vom Weibe geboren, fühlt kein Bedürfniß so dringend, so heftig und so stark, als die Bedürfnisse des Herzens. Wer wieß ihm den Eingang ins Leben? Wer zeigt ihm den Ausgang aus demselben? Wo ist ein Buch, das so vollkommen alle Forderungen des Herzens gewährt, als die heilige Schrift? Wo ist ein Buch, das allen Wünschen, allen Hoffnungen und Erwartungen, das allen edlen Trieben der menschlichen Natur so herrlich entspricht, zuvorkommt und Genüge thut, als diese wohlthätige Göttin der Seele? Wo ist ein Buch, das so glücklich mit den zarten Gefühlen des Herzens und mit den innigsten Neigungen der Seele übereinstimmt, als diese prophetische Lehrerin? Millionen Menschen aus allen Sprachen, aus allen Ländern, von allen Nationen und aus allen Zeiten, finden in diesem göttlichen Buche den Zustand

stand ihres Herzens so deutlich geschildert, so unwidersprechlich dargestellt, daß sie diesen wahrsagenden Spiegel nur vor sich hin halten dürfen, um ganz ihr Bild, ganz die Gestalt ihres Herzens darinn zu erblicken. Kann ein anderer, als der Urheber der menschlichen Natur, Autor dieses allumfassenden, allen Fähigkeiten und Kräften der menschlichen Seele so angemessenen Buches seyn? Die Wahrheiten, die wir darinn aufgezeichnet finden, sind es nicht ebendieselben Wahrheiten, die wir in unserm Innersten fühlen? Sinds nicht ebendieselben, die uns ins Herz geschrieben sind? Hat jemals ein Buch so viele Anhänger und Verehrer, hat je eins so viele Vertheidiger gefunden, als dieser Codex aller Wahrheiten beyder Welten? Braucht dieses Buch wohl einen Vertheidiger? Vertheidigt es sich nicht selbst durch seine göttliche Abkunft, durch seine ewige und unwandelbare Dauer, durch die unumstößliche Kraft der Lehren, Warnungen und Trostgründe, die kein Buch unter der Sonne so stark, so unwidersprechlich und so kräftig verkündigt, einschärft und mittheilt. Ist dieses Buch nicht das älteste Document, worinn wir von der Entstehung der Welt, von dem Ursprung des Menschen, von seiner Würde und Bestimmung aufs deutlichste und befriedigendste unterrichtet werden? Ist es

nicht

nicht das Fundament unsers Glaubens an Gott und Unsterblichkeit? Ist es nicht die lezte Instanz, an die wir am Rande des Grabes, beym Eintritt in die Ewigkeit, appelliren?

Dreyzehnter Brief.

Abends am 20ten August.

Wenn es wahr ist, daß ein milder Himmel, daß lachende Gefilde und ein fruchtbares Clima auf die Menschen, die so glücklich sind, solche Revieren, solch einen Punkt der Erde zu bewohnen und inne zu haben, wenn es wahr ist, sage ich, daß diese reizenden Vorzüge, daß das Schöne und Große in der Natur einen wohlthätigen und mächtigen Einfluß auf das Herz des Menschen haben; daß sie, die Herrlichkeit der Natur, mit einer gewissen Zauberkraft auf die Phantasie wirkt, und einen bleibenden Eindruck zurückläßt: So ist es eben so gewiß und unwidersprechlich, daß kein Land unter der Sonne diese entzückenden Wirkungen vollkommener, hervorbringen, keine Gegend

der

der Erde dieß Gefühl in höherem Grade erwecken und glücklicher unterhalten kann, als dieses Zauberland der Natur, als dieser paradiesische Garten der irrdischen Schöpfung. Mag die Lage Constantinopels, mag Neapels Situation so reizend und sehenswerth seyn! Reisende sagen uns dieß; wir wollen es ihnen auf ihr Wort glauben. Constantinopel hat das schwarze Meer zum mächtigen Nachbar; Neapel prangt mit dem Gestade des mittelländischen Meeres; und Genf, hat es nicht seinen Zauber-See zum Freunde, zum Vertrauten und Bundsgenossen? Sagt mir ein Land, das fruchtbarer und ergiebiger ist, als das nachbarliche Pais de Vaux! Sagt mir ein Erdreich, das dem Weinstock so günstig, das ohne Ausnahme alles das hundertfältig wieder zurückgibt, was man seinem milden Schoose anvertraut hat! Sagt mir, wo die Bearbeitung des Weinbergs, die Pflanzung der Reben, die Bestellung der Saat, das Umpflügen des Ackers, die Zurüstung des Gewächsgartens, sagt mir, wo dieß weniger Schweiß und Mühe kostet, wo der Arm des Taglöhners und Landmanns weniger angestrengt wird, wo die körperlichen Kräfte desselben weniger Noth leiden; und wo hingegen der Fleiß des Arbeitenden, die Hand der Thätigkeit, die Mühe und Sorgfalt des Eigenthümers und der Aufwand des

Besizers reichlicher belohnt, besser vergolten und vielfältiger ersezt werden, als in eben diesem gelobten Lande, in eben diesem schweizerischen Gosen, in diesem Canaan, wo Milch und Honig fließen, wo noch mehr als dieß, wo Ueberfluß und Fülle, Reichthum und Segen ihre Wohnung aufgerichtet, und ihre bleibende Stätte sich auserkohren haben!

Doch, was bedarfs einer Apologie dieses so vortrefflichen Landes! Bewundert nicht jeder Fremde, der es sieht, der Gefühl für die Schönheit der Natur hat, dieß Elysäum? Ist nicht jede Beschreibung von diesem Zauberlande, eine Lobrede auf dasselbe? Nun wieder auf Genf zurück! Die Lage dieser Stadt scheint der Mittelpunkt aller Schönheiten dieser holden Gefilde zu seyn; von allen Seiten ist sie mit dem, was man gros und herrlich nennt, umgeben. Die ganze Natur scheint gleichsam sich geflissentlich vereinigt zu haben, alle ihre Schäze und Reichthümer, ihre ganze Pracht und Herrlichkeit, hier zu enthüllen und zu offenbaren, und ihre geweihten Freunde und Lieblinge in ihr innerstes Heiligthum blikken zu lassen. Laßt uns die Situation dieser Stadt etwas näher betrachten. Zwischen den Schneebergen Savoyens, einer mächtigen Kette von

Bergen,

Bergen, die sich durch ihre etonnante Höhe und admirable Concatenation, und durch ihre drohende Gestalt die Bewunderung jedes Naturfreundes zugezogen haben, und zwischen dem gewaltigen Jura, ligt jene unübersehbare Ebene, wie ein bunter Teppich, vor dem Auge des bezauberten Fremdlings ausgebreitet; jenes Eden, jene paradiesische Schöne, die, vom Berg Saleve herab betrachtet, ihre reizende Figur, ihr holdes Angesicht im glänzenden See, diesem azurnen Wasserspiegel, beschaut, und, in sich selbst verliebt, ihrem zurückstrahlenden Bilde entgegen lächelt, und durch diese Erhöhung ihrer Reize, durch den Abstrahl ihres unübertrefflichen Urbilds, das Herz des Zuschauers entzückt, den Bewunderer dahin reißt, ihren Liebhaber, den Vertrauten ihrer Geheimnisse bezaubert, mit ihren Zauberreizen über alles was irrdisch ist siegt, und, als die erste Schönheit unter der Sonne, als Königin der Gefilde des Erdbodens, so lang die Sterne schimmern, so lang der Erdball sich um seine Axe dreht — unüberwindlich triumphirt!

Von diesen allgemeinen Betrachtungen oder Lobsprüchen laßt uns übergehen zu den lebendigen und schönen Formen, zu den beseelten und empfindenden Wesen, ohne welche die Herrlichkeit der ganzen Natur reizlos seyn, und unbemerkt und unbewundert bleiben würde, durch deren Daseyn aber die ganze Schöpfung zum irrdischen Paradies, die Welt zum Schauplaz aller Zauberpracht umgeschaffen wird; durch deren vorübergehendes Hierseyn die Erde ein Aufenthalt aller Freuden, ein Lustort aller Entzückungen und Glückseligkeiten wird. Laßt uns vorzüglich die Menschen dieser reizenden Gefilde betrachten; sie verdienen unsere ganze Aufmerksamkeit, sie sind es wehrt, von uns gekannt, geliebt, geschäzt und gepriesen zu werden!

Mit einem frohlockenden Gefühl, das mich über mich selbst erhebt, mit einem Drange, der sich meiner ganzen Seele bemächtigt, will ich die Fülle meiner Empfindungen so stark und kräftig, so lauter und natürlich, als ich es zu leisten im Stande bin, hier mittheilen: — Ewige Quelle aller belebten und empfindenden Wesen, erhöre die zuversichtliche Bitte eines deiner beseelten und glücklichen Geschöpfe, und sey mir mit den Ausflüssen deiner göttlichen Huld, mit deinen allmächtigen Stärkungen nahe! — Kaum ist die Ewigkeit lange genug, die Wunder deiner Macht und Weisheit kennen zu lernen, und sie zu erzählen; kaum sind die Jahre der Unsterblichkeit hinreichend,

chend, deine große Thaten zu verkündigen, und sie würdig zu erheben! Alle Nationen der Erde, alle Geister des Himmels und alle Harmonien der ewigen Zeiten, wie können sie den Umfang deiner Majestät, die unnennbare Herrlichkeit deines Wesens, wie können sie mit ihren eingeschränkten und endlichen Kräften, den Herrn der Ewigkeit, den allesumfassenden Regenten der Welt, wie können sie dich würdig erheben und hoch genug preisen? Wie können sie deinen **dreymal heiligen Namen**, der alles in sich schließt, vollkommen verherrlichen, und tief genug anbeten?

Nun laßt uns zuerst einen Blick auf das schöne Geschlecht werfen; einen Blick, der in das Innerste dieser holdseligen Geschöpfe bringt!

Von einer mehr als irrdischen Glut, von einem himmlischen Feuer fühl' ich mich durchdrungen; mein ganzes Wesen zerfließt in Entzücken, wenn ich auf den erhabenen Urheber der menschlichen Bildung, wenn ich auf das unerreichbare Urbild der Menschheit, auf den Schöpfer der schönsten und reizendsten Gestalten meine Gedanken richte! Der erste unter den Sterblichen, zur Unsterblichkeit bestimmt, hüpfte, in der Hand des Allmächtigen gebildet, wie ein Seraph vor dem Angesichte Gottes, an das Licht des Tages hervor!

Die Mutter aller Erdentöchtern, eine lebendige Sonne ihres Geschlechts, trat mit einer Herrlichkeit, die einer unmittelbaren Tochter Gottes würdig ist, im Angesichte der ganzen Natur, voll strahlender Unschuld, ihrem neuerschaffenen Bruder an die Seite. Der Neugebildete betrachtete staunend den neuen, so eben gewölbten Himmel, die neue so eben aus dem Chaos hervorgegangene Erde; um sich herum sah er tausend wandelnde Gestalten und lebendige Geschöpfe; er wünschte sich ihnen nähern und mittheilen zu können. Er fühlte sich gedrungen, ein Wesen seiner Art aufzusuchen; er raffte sich auf, wandte sich um, und entdeckte — — — welch ein Jubel! entdeckte sein vollkommenes Ebenbild! — Mit einem Blick, der aus seiner Seele hervorstieg, mit einem Blick, der in die Seele seiner gloriösen Schwester drang, verschlang er gleichsam diese beseelte Schönheit! Welch ein entzückendes Schauspiel! Sie fühlte sich zu ihm hingezogen; er ging, er flog ihr mit offenen Armen entgegen. Sie nahte sich erröthend seinen Umarmungen, und mit ihrem sanftwallenden Busen schloß sie sich wonnetrunken an die klopfende Brust ihres bezauberten Bruders. Dahingerissen vom Taumel der Freude, verlohren in süßen Entzückungen, rief er aus, daß es die Himmel hörten, daß unter ihren Füßen der Erdball

hall hüpfte: Du! Meine Geliebte, bist Fleisch von meinem Fleisch, Bein von meinem Bein; du bist die Gefährtin meines Lebens, die Vertraute meines Herzens und meine unsterbliche Braut! —
— Ja, unsterblich hast du dich gemacht, holde Mutter aller Erdentöchtern! Du hast dein herrliches Urbild in diesen so sanften und liebenswürdigen Geschöpfen millionenmal abstrahlend zurückgelassen; du hast deine vortreflichen Tugenden, wovon dein Herz der erste Tempel war, ja, deine glänzenden Eigenschaften hast du auf die holden Kinder deines Geschlechts, von Generation zu Generation, von Herz zu Herz, unaufhörlich, ununterbrochen glücklich fortgepflanzt! Dein Geist belebt sie, deine Seele beseelt sie, dein Odem weht in ihnen; dein Herz, der Mittelpunkt aller Gefühle, der Aufenthalt aller frohen Empfindungen, die Quelle aller Freuden und Entzückungen, der Ursprung aller Kräfte, das Triebwerk aller Bewegungen, der Siz des Lebens und der Thron der unsterblichen Seele; dieß Meisterstück der Natur, dieß dein zärtliches und liebevolles Herz klopft in diesen Zaubergeschöpfen, schlägt in diesen Grazien der Natur, in diesen beseelten Schönheiten, die in sich selbst eine Fülle von Glück und Wonne finden; die in sich selbst alle Reize und Herrlichkeiten der Erde vereinigen; die das Ent-

zücken

zucken des Jünglings unaussprechlich erhöhen,
in deren Besiz der Mann sich unbeschreiblich glück=
lich fühlt!

Wenn alle Herrlichkeit der Erden,
  Und wenn des Himmels Glanz und Pracht
In einen Punkt vereinigt werden;
  So siegt doch diese Zaubermacht!

Ja, triumphirend wirst du siegen,
  Beseelte Schönheit der Natur!
Dein Zauberblick, o welch Vergnügen!
  Beherrschet jede Creatur.

Der Erdball glänzet nah und ferne
  Von deiner hochbelebten Pracht!
So glänzen Millionen Sterne
  Am ganzen Himmel in der Nacht!

So strahlen durch des Himmels Zonen
  Die Sonnen ihren Lichtglanz hin;
Wie hier ein Chor von Amazonen;
  Ein Chor von Mädchen, hold und schön!

           So

So wird der Frühling sich entfalten,
    In seinem bunten Zauberglanz;
So tanzen tausend Luftgestalten
    Frohlockend ihren Feentanz!

So zeigt in Aehrenschwangern Feldern
    Der Sommer seine goldne Zier;
Und tausend Stimmen in den Wäldern
    Verkünden ihr Entzücken mir!

So schwärmt das Flügelvolk der Bienen,
    Und wärmet sich am Sonnenstrahl;
Ihr Mädchen, o ihr holden Schönen!
    Ich seh, ich seh euch überall!

Ich seh in allen Regionen,
    Und seh in jeder Creatur
Das Bild von eurer Schönheit thronen;
    Die höchste Schönheit der Natur!

Vierzehnter Brief.

Die amüsanten Betrachtungen des vorigen Briefes, führen mich gerade zu meinem erwünschten Ziele. Ich fühle es allzutief, wie bedenklich und difficil es sey, einen so delicaten Punkt zu berühren, und einen Artikel dieser Art befriedigend zu vollenden.

Wohlan, ich wage es, die Resultate meiner Beobachtungen über die Promenaden hiesiger Stadt in einigen meiner folgenden Briefe unpartheyisch und offenherzig mitzutheilen. Ich hatte während meinem dreymonatlichen Aufenthalte in Genf, gerade zu der schönsten Jahreszeit, alle Tage Gelegenheit, meine Observationen zu erweitern, zu vermehren, sie zu berichtigen, und jeden Morgen, jeden Abend neue Schönheiten aufzufinden, neue Entdeckungen zu machen! In meinen Bemerkungen

gen hierüber werde ich mich den Aussprüchen des Herzens und des Verstandes überlassen, und mich den Gesezen des guten Geschmacks und der Sittlichkeit unterwerfen. Der Gedanke, einen so interessanten und ergözenden Gegenstand abzuhandeln, hat was Herzerhebendes und Entzückendes! Auf solch einem Schauplaze hat der Verstand Anlaß genug, und findet tausendfältigen Stoff, seine Kräfte wirken zu lassen, und seine unveräusserlichen Rechte geltend zu machen; auf solch einem Theater des jugendlichen Lust- und Kraftgefühls, ist die Phantasie ganz in ihrer Sphäre, sie ist gleichsam in einen Zaubergarten versezt, wo sie die lieblichsten Gerüche in sich zieht, wo sie die reinsten Lüfte athmet, wo sie die reizendsten Gestalten erblickt, die prächtigsten Farbenspiele sieht, und wo sie die schönsten Blümchen pflücken möchte! Und das Herz, schwimmt es hier nicht in einem heissen Wonnestrom? Zerfließt es nicht ganz in überwallenden Lustgefühlen? Ist es nicht ganz mit den Empfindungen des süssesten Entzückens angefüllt? Schwebt nicht der Geist in ätherischen Regionen? Ist er sich nicht vollkommen seiner Würde und Hoheit bewußt? Und die Seele, umfaßt und genießt sie nicht einen Ocean von Glückseligkeit? —

Fünfzehnter Brief.

Den 24. August Morgens.

Würdiger Freund!

Vorgestern, am 22sten dieses, ging ich nach Tische mit einem Freunde nach Ferner, um mit dem ehmaligen Aufenthalte des Verfassers der Henriade näher bekannt zu werden. Dieß ist das zweytemal daß ich da war, denn gleich am zweyten Tage nach meiner Ankunft, ging ich in Gesellschaft meines Reisegefährten dahin, wo wir aber nur den Garten und nicht das Innere vom Schlosse sehen konnten. Dießmal waren wir glücklicher, denn es gelang uns, alle Merkwürdigkeiten dieses Orts, das Schloß von Voltaire
genau

genau und vollständig kennen zu lernen. Der Weg von Genf nach Ferner, ist der anmuthigste und schönste, den ich jemals betreten habe. Von beyden Seiten berühren die superben Landhäuser der reichen Genfer den Pfad des Lustwandelnden; bei jedem Schritte den er vorwärts thut, sieht er sich genöthigt, stille zu stehen, und seinen Blick bald rechts bald links auf die Schönheiten der Kunst und Natur hinzurichten. Unter solchen bezaubernden Ansichten erreicht man unversehens gros Saconex, einen französischen Gränzort, wo eine Douane ist, und wo wir uns, bey der vorigen Excursion nach Ferner, mußten gefallen lassen, den neufränkischen Vorposten unser Geld vorzuzeigen; das nemliche Schikfal hatten drey vornehme Frauenzimmer, die auch auf dem Rückwege nach Genf waren; man fand, daß wir keine auswandernden Franzosen waren, und daß wir nicht zu viel Geld bei uns hatten, und ließ uns passiren. Schon von diesem Ort, der noch eine halbe Stunde von Ferner ligt, erblickt man den ehmaligen Aufenthalt jenes Mannes, der durch seine Existenz, durch die Operationen seines Geistes die Aufmerksamkeit mehr als eines Welttheils auf sich zog; der ein Gözze des seichten Kopfes und sein Verderben ist; der als Mensch immer merkwürdig bleiben wird; der auf dem Welttheater eine bedeu-

K tende

tende Rolle spielte, und der durch seinen Verstand zwar manchmal wohlthätig wirkte, aber auch durch seinen blendenden Wiz unendlich gefährlich wurde. Wir kamen in Ferney nach Verlauf einer Stunde an, und hatten Durst, weil die Hize des Tages drückend war. Wir stillten ihn zuerst, und dann gings mit raschen Schritten auf das Schloß von Ferney los; in der Mitte des Orts waren wir genöthigt, an einem kleinen Häuschen stille zu stehen; denn siehe da! Ueber dem Eingange desselben stunden auf einem neuen hölzernen und schwarzen Schilde, die remarquablen mit großen goldenen Lettern geschriebenen Worte: Au Caffée Voltaire. Ganz neu ist dieser Schild, denn bei meinem ersten Hierseyn existirte dieses Caffeehaus noch nicht.

Sein Name steht hinfort nicht nur in hundert Schriften,

Die seines Geistes Kinder sind;

O nein, die Welt will ihm ein ander Denkmal stiften;

Seht, Fremde, seht dieß Monument!

Ihr werdet doch fürwahr hier nicht vorübergehen,

Am Denkmal der Unsterblichkeit?

Wer

Wer wollt' in Ferney nicht das Werk der Nachwelt
  sehen,
Das sie dem großen Mann geweiht?
Sein Name steht hinfort nicht nur in hundert
  Büchern;
O nein, um seinen Ruhm recht dauerhaft zu
  sichern,
Ließt man in goldnen Lettern:
Voltaire auf den Brettern.

Jezt um einen Schritt weiter! Gerade näherten wir uns dem Seitenwege, der von der Landstraße ins Schloß führt, als so eben die Töchtern von Budé, dem gegenwärtigen Besizer dieses Schlosses, am Eintritt in die Allee, mit uns zusammentrafen. Budé ist ein Genfer, und hat dieses kostbare Landgut an sich gekauft. Dieses so weltberühmte Schloß zu Ferney ist nicht mehr und nicht weniger als eine sogenannte Campagne, deren es um Genf herum eine große Anzahl gibt. Die Anlage des Gartens ist geschmackvoll und sehenswerth, und die Situation des Schlosses ist vortrefflich. Alles sieht hier einem ungestörten und philosophischen Aufenthalte des stillen Weisen ähnlich! Freund meines Herzens! Mir ist es mehr als wahrscheinlich, daß dieser so seltsame

Mann

Mann von dem Daseyn Gottes, von dem Regenten des Himmels und der Erde, muß überzeugt gewesen seyn, wenn er es gleich nicht eingestanden hätte, wenn er gleich nicht mit goldenen Lettern über den Eingang der Kirche, die neben dem Schlosse steht, und wovon er der Stifter ist — folgende Worte hätte schreiben lassen:

DEO erexit Voltaire
MDCCLXI.

Hier, vor dem Schlosse, war ich auf einem Standpunkte, wo mir der Himmel, wenn ich so sagen darf, viel höher und ausgedehnter, wo mir der Erdball viel größer und herrlicher zu seyn schien. Von tausend Schönheiten der Natur umlacht und umflossen! Hinter mir stund der unerschütterliche Jura in seinem blendenden Dunkel; die Ausströmungen der Sonne hüllten nemlich die östliche Seite dieses Gebirges in einen undurchsichtigen Lichtnebel, daß man also vor lauter Licht den Berg nicht deutlich sehen konnte. Meinem Angesichte gerade gegenüber, lag die ganze Kette der savoyischen Alpen; sie, die Unersteiglichen, stunden wie Berge Gottes da. Ihre beschneyten Häupter wetteiferten mit den Wolken, und verbargen sich in die oberen Regionen der Himmel;

um

um sich dem Auge des Erdenbewohners zu entziehen, hüllten sie ihren unerreichbaren Scheitel in einen ätherischen Schleyer.

Hier scheint eine unmittelbare Verbindung zwischen Himmel und Erde zu seyn; hier, scheint es, könne man von Stufe zu Stufe an die Pforten des Himmels sich erheben, und sich dem Throne der Gottheit in sterblichem Gewande und mit irrdischen Fußstapfen nähern. Diese colossalische Felsenwand, so dünkt es mich, habe dem unerschaffenen Baumeister der Welt, bei Gründung der Erde, sein allmächtiges Fiat wiederhallend zurückgesendet. Sie sind die Zeugen der Schöpfung; sie sind die erhabensten Trophäen ihres erlauchten und ewigen Werkmeisters.

Wenn Sonn' und Mond und Sterne schweigen
    Von Gottes großer Majestät;
So bleibt ihr starken Berge Zeugen,
    So lang die Welt in Angeln geht.

Wenn Engel, wenn verklärte Geister
    Von deinen Thaten stille sind;
Und wenn den hocherhabnen Meister
    Die Schaar der Sterblichen nicht nennt;

Und schweigt das Heer der Creaturen,
     Schweigt die belebte Schaar der Welt;
So jauchzen die beblümten Fluren;
     So jauchzt das saatenschwangre Feld;

So werden uns die Alpen sagen:
     Der Herr ist Gott! der Herr ist Gott!
Sie, die an sich die Spuren tragen,
     Von seinem schaffenden Gebot;

So wird der Erdball uns verkünden;
     Unendlicher, daß du allein
Im Stande warst, die Welt zu gründen.
     Wie göttlich muß dein Wesen seyn!

Wir näherten uns dem Eingange des Schlosses, und ließen uns melden. Die Gouvernantin der jungen Familie kam heraus und öffnete uns den Saal, worinn Voltäre seine Verehrer und Freunde, worinn er jeden Fremden, der ihn sehen und sprechen wollte, bewillkommte. Man sagte uns, daß alles in jenem Zustande gelassen worden sey, wie es zu Voltairs Lebzeiten gewesen, daß es noch eben dieselbe Anordnung der Möblen
und

und Gemälde sey, wie vormals. Aus dem Saale tritt man durch eine Seitenthür in das Schlafzimmer des Philosophen von Ferner. Hier steht noch das Bett, worauf er geschlafen; innerhalb des Bettgestelles, oben an der Wand, hängt sein Portrait, man wies uns den Gesichtspunkt an, in den man sich stellen muß, wenn man aus dieser Copie das Original ganz will kennen lernen. Ihm zur Seite ist das Bildniß des Königs von Preussen, Friedrichs des Zweyten, ihn in seinen jüngern Jahren vorstellend. Madame Chatelet zog izt unsere Aufmerksamkeit auf sich; wer sollte wohl hier die Züge einer geistvollen Dame verkennen? Welch eine würdige Freundin, welch eine vortreffliche Gesellschafterin muß Voltaire in ihr gefunden haben! Auf der andern Seite bemerkten wir das Bild seines Freundes Lucas; und der Mad. Chatelet gegen über, die rußische Kaiserin Elisabeth. An der vordern Wand, wo zwey Fenster die Aussicht über den Garten eröffnen, sieht man die Bildnisse einiger großen Männer und berühmten Gelehrten: eines Helvetius, Diderot, d'Alembert, Fontaine, Corneille, Pabst Clemens des Vierzehnten und eines Neuton. In eben diesem kleinen Zimmer fanden wir ein merkwürdiges Monument: eine Urne erhebt sich vom Boden drey Schuh hoch; sie ist, wenn ich mich nicht irre,

irre, aus Marmor gehauen, und schloß bisher das Herz von Voltaire in sich; welches aber vor einiger Zeit nach Paris zu seiner Apotheose abgeholt worden ist. Ueber der Urne erhöht, ist seine Büste angebracht, und über derselben stehen in französischer Sprache, mit goldenen Lettern geschrieben, folgende Worte:

Mein Herz ist hier bei euch; mein Geist ist überall.

Nachdem wir uns lange genug an diesem so sehr gepriesenen Orte verweilt hatten, so dachten wir an unsern Rückweg; verabschiedeten uns von der Gouvernantin, die ziemlich gut deutsch spricht; besahen aber nochmals ein Gemälde, das gleich in die Augen fällt, wenn man ins Schloß tritt; es ist, wenn man die Treppe hinaufsteigt, an der Wand sogleich sichtbar. In diesem Gemälde kann man mit einem Blick den Geist Voltärs personificirt, sein ganzes Wesen, den Umfang aller seiner Arbeiten und Geistesprodukte repräsentirt sehen. Dieß merkwürdige Gemälde wurde nach seinen eigenen Ideen entworfen, und unter seiner Aufsicht ausgeführt. Es ist die eclatanteste Geschichte von den Operationen seines Verstandes und seines Wizes; es ist eine treffende Schilderung

rung seines Karakters; der Spiegel seines Herzens, und die richtigste Abbildung seines Lebens. Es ist ganz Allegorie, Anspielung und Fingerzeig auf seine wichtigste Schriften. Die Familie Calas mag wohl die rührendste, seinem Herzen am meisten Ehre bringende Gruppe seyn. Man machte uns auf den Garten des Schlosses aufmerksam; wir nahmen diese zuvorkommende Güte dankbar an, und beschlossen diese mir unvergeßliche Stunden in den kühlenden Lauben desselben. — Als ich das Schloß von der Seite gegen den Garten betrachtete, so ward ich gewahr, daß dasselbe durch einige Balken gegen seinen ihm drohenden Einsturz gestüzet war; von dieser Seite betrachtet, scheint es sehr baufällig zu seyn, und nach und nach zu Trümmern zu gehen. — So kam einst ein Deutscher nach Ferner, trat zu Voltaire ins Zimmer, fand ihn am Tische sizend, den Kopf auf einen Arm gestüzt, das Gesicht mit der flachen Hand verhüllt; als ob er diesem Fremden, der da kam, um ihn, den berühmten Mann, persönlich kennen zu lernen — als ob er ihm durch diese Unterstüzung seines grauen, wankenden und schwachen Hauptes gleichsam sagen wollte: „siehe, o Mitmensch! So sinkt dieser Kopf, der über so viele andere glänzend hervorragte, der Legionen Köpfe beherrschte, verwirrte und schwindeln machte, und sie am Gängelbande leitete, so sinkt er izt allmählig von seiner Höhe herunter, die für viele so furchtbar und gefährlich war; dieser Arm ist für ihn eine schwache und zerbrechliche Stüze; diese zitternde Hand ist für dieß verlöschende Gesicht eine klägliche Decke; gleich der baufälligen Wand dieses Schlosses, und dem dadurch einstürzenden Gewölbe dieses Zimmers, wird nächstens dieß bebende Haupt, das so viele Ideen in sich schloß, eine Höhle der Würmer, dieser unterstüzende Arm ein morscher und kahler Knochen werden; bald wird diese flache Hand ein todtes und unbewegliches Gerippe, bald werden diese feurigen und funkelnden Augen so starr und kalt wie das meiner Wohnung gegenüber liegende Eiß der Eißberge seyn; siehe, o Fremdling! mein Körper ist so hinfällig, wie dieser Bau, worinn ich wohne, und worinn du mich gesucht und gefunden hast!„

Historische

Historische Lobrede
über
Carl Bonnet
durch H. B. Desaussüre.

Den 27sten May 1793 machte der Bürger, Isaak Salomon Anspach, Mitglied der National=Assemblee, in dieser Versammlung folgende Motion:

Mitbürger!

Der Tod hat uns so eben einen unserer Mitbürger entrissen, der unserer Bewunderung und unseres lebhaftesten Bedaurens würdig ist, und diese Versammlung hat ein Stillschweigen beobachtet, als ob keine merkwürdige Begebenheit sich zugetragen hätte. Carl Bonnet ist nicht mehr. Es bleibt uns von ihm nichts übrig, als seine Werke, die unserem Vaterlande so viel Ehre machen, bei den Fremden noch mehr geschäzt als unter uns. So geht dahin und verschwand das, was die Erde noch größeres hervorbrachte.

Er

Er ist todt dieser beredte Mahler der Natur, dieser die Organisation der Körper so tief erforschende Gelehrte, dieser christliche Philosoph, der sich zu den edelsten und entzückendsten Ideen zu erheben wußte, dieser admirable Metaphysiker, welcher in einer unsterblichen, unter dem bescheidenen Titel eines **analytischen Versuchs über die Seele** herausgegebenen Schrift, das hellste Licht über diesen dunkeln Gegenstand verbreitete, und ungeachtet der Ordnung und strengsten Präcision, die dürren Regionen der Metaphysik mit Blumen von Beredsamkeit überstreute.

O, Ihr, die ihr euch zu den sublimsten Begriffen und Vorstellungen erheben könnet, studirt Carl Bonnet, und eure edle Seele wird befriedigt werden. Ihr, die ihr euch an die Richtigkeit des Räsonnements gewöhnen wollt, studirt Carl Bonnet; sein Versuch über die Seele ist ein aneinanderhangender Cursus der experimentellen und praktischen Logik.

Empfange hier, gloridser Schatten, den Erguß meiner Erkenntlichkeit; ich bin dir die Entwicklung der vornehmsten Kräfte meiner Seele schuldig.

Um mich auf einige Weise dieser Erkenntlichkeit zu entledigen, und um die Nacheiferung der

Ta-

Talente zu erwecken, thue ich den Vorschlag, daß die National= Assemblee in ihren Registern den Ausdruck ihres Bedaurens, wegen dem Verlust dieses berühmten Mannes, aufzeichne; und daß die Administration aufgefordert werde, über das Portal seiner Wohnung diese einfache, ihm an Bescheidenheit ähnliche Inscription, sezen zu laffen:

Hier starb Carl Bonnet, der Autor des analytischen Versuchs über die Seele.

Dieser Vorschlag ward einstimmig dekretirt, und das Comite der Administration wurde eingeladen, denselben in Erfüllung zu bringen.

Dem zufolge begaben sich den folgenden achten August nach Einladung dieses Comite's, die provisorischen Comités, der Administration und der Sicherheit, die National= Assemblee, der Audienz= Tribunal, der Recours= Tribunal und das gesammte venerable Corps der Geistlichen und Professoren, die Rechtsgelehrten und Doctoren der Medizin, der Prinzipal und die Regenten, diese sämtliche respektable Gesellschaft, sage ich, begab sich, Nachmittags um 2 Uhr an diesem Tage, auf das Stadthaus. Eine große Anzahl anderer Personen gesellte sich noch zu diesem Corps. Die Societät für die Beförderung der Künste, wovon

Carl

Carl Bonnet ein Mitglied war, und die Gesellschaft der Naturforscher in Genf, deren Patron er gewesen, kamen in Trauerkleidern dahin; einige bürgerlichen Compagnien marschirten in geschlossener Ordnung unter dem Schall der Pauken und Trompeten mit der Prozession; der Zug ging vom Stadthause weg, und begab sich unter einem großen Gefolge von theilnehmenden Zuschauern, nach dem Hause, wo Carl Bonnet geboren ward. Der Präsident vom Comite der Administration, und der Rector der Akademie, vollzogen die Ceremonie, und sezten über die Thürschwelle dieses Hauses folgende Inscription:

Ici est né

Charles Bonnet

Le XIII Mars MDCCXX.

Salomon Anspach hielt auf dem Gerüste selbst eine Rede, die sich auf diesen Umstand bezog, und die ich weiter oben öffentlich mitgetheilt habe. Nach diesem begab sich der Zug in die Kirche St. Germain, wo Desaussure, Neveu und Schüler von Carl Bonnet, von der Canzel herab eine historische Lobrede hielt. Als Zeuge und Zuschauer von dieser feyerlichen und herzerhebenden Scene, wage ich es, diese französische Rede in einem

deut-

deutschen Gewande den Verehrern Carl Bonnets
mitzutheilen.

Meine theuersten Mitbürger!

Beladen mit dem würdigen Geschäfte, Ihnen
von den Werken, von dem Leben und von dem
Karakter Carl Bonnets, dieses mit Recht
berühmten Mannes, einen Abriß zu entwerfen,
dessen Andenken Sie so eben durch ein dauerhaftes
Zeugniß ihrer Achtung verherrlichten — wünschte
ich recht innigst, mich zu der Höhe meines Ge=
genstandes erheben zu können.

Ist es izt mein Bestreben, das Andenken eines
Mannes zu ehren, der mir so lieb und respektabel
war; oder ist es meine Absicht, das tiefe Gefühl
von seinem Verdienst auszudrücken, das ich übri=
gens nicht zu schildern fähig wäre? Nein, mein
Wunsch geht dahin, die Gabe zu besizen, und ge=
schikt zu seyn, in einem kurzen Raume das Resul=
tat von so vielen und glücklichen Arbeiten zu con=
centriren, die Ideen eines so vortrefflichen Genie's,
die Tugenden eines Herzens, das der Tempel
aller Tugenden war, gedrängt dárzustellen und
würdig zu schildern.

Der

Der 13. Merz 1720 war der Tag, woran die Vorsehung unserm Vaterlande ein Geschenk mit diesem vortrefflichen Bürger machte. Er erhielt sein Daseyn von Peter Bonnet, Mitglied des Raths der Zweyhunderter, und von Anna Maria Lullin.

Von seinen Eltern bestimmt, seinem Vaterlande auf dem Wege der öffentlichen Geschäfte nüzlich zu seyn, verfolgte er seine Studien, die ihn dahin führten. Seinen philosophischen Cursum machte er unter unsern berühmten Professoren Cramer und Calandrini, und brachte es ziemlich weit im Studio der Mathematik. Aber die Naturhistorie entfernte ihn immer mehr von den mathematischen Wissenschaften und von seiner ersten Bestimmung.

Das Studium der Insekten war sein Lieblingsgeschäft; es entspann sich zwischen ihm und Reaumur ein fortdaurender Briefwechsel; durch die zärtlichste Freundschaft schloß er sich an denselben immer näher an, sie vermehrte bei ihm den Geschmack, den er von der Natur schon zu diesem Studio erhielt.

Seine ersten Untersuchungen betrafen die Baumläuse. Er bestätigte durch Beobachtungen, die er mit

mit der gröſten Geſchicklichkeit angeſtellt hatte, die ſonderbare Natur dieſer Thiere, welche Reaumür zwar vermuthet hatte, worüber er aber nicht zur Gewißheit kommen konnte; nämlich, ob ſie gleich verſchiedenen Geſchlechtes ſind, ſo können ſie ſich doch, jedes für ſich, von neuem wieder hervorbringen; er verfolgte mit ſeinen Beobachtungen Baumläuſe bis auf die neunte Generation, die eine zahlreiche Nachkommenſchaft hatten, ob gleich ein jedes derſelben, vom erſten Augenblick ſeiner Geburt an, iſolirt und vollkommen abgeſondert war.

Er ſtellte auch ſehr curiöſe Unterſuchungen über einige Arten von Würmern an, die in Stücken zerſchnitten, zu eben ſo viel vollkommenen Thierchen werden. Dieſe Obſervationen wurden zu Paris in zwey Bänden gedruckt, unter dem Titel Traité d'Inſectologie, en 1745.

Man verwundere ſich nicht, ein ſo großes Genie alle ſeine Kräfte auf ſo kleine Gegenſtände angewandt und concentrirt zu ſehen. Wenn es Menſchen gibt, die an großen Dingen nur kleinfügige Umſtände wahrnehmen, ſo gibt es glücklicherweiſe andere, welche die ganze Natur in ihren kleinſten Werken oder Productionen zu betrachten wiſſen; die wie Leibnitz überzeugt ſind, daß

ein

ein höherer Verstand das Universum in einem
einigen seiner Elemente erkennen würde. Solch
ein Mann war Carl Bonnet, er studirte in einer
dieser Baumläuse, in der Reproduktion eines Er-
denwurms, das ganze Bildungssystem der organisirten Wesen.

Doch, ich will nicht alle seine Arbeiten Stück
vor Stück herzählen; dieß Unternehmen würde
die Zeit, welche die Versammlung mich anzuhö-
ren bestimmt hat, überschreiten. Ich werde
nicht mehr die chronologische Ordnung seiner Werke
befolgen. Ich glaubte indessen seine ersten Schritte
in der naturhistorischen Carriere bezeichnen zu
müssen, und ich habe es um so bereitwilliger gethan, weil man daraus, wie in den premiéres
phrases einer schönen Symphonie, und so zu sagen, die dirigirende Linie aller seiner Meditationen sieht und kennen lernt.

In der That, wenn man die Untersuchungen
und Meditationen dieses Philosophen auf einen
einigen Endpunkt zurückführen könnte, so würde
man sehen, daß dieser Hauptpunkt die Theorie
der Zeugung, oder der Entwicklung sowohl physi-
scher, als intellektueller Wesen wäre. Sein großes
Werk über die organisirten Körper, beruht ganz
auf den Principien der Entwicklung.

Der

Der französische Plinius, Büffon, mehr Redner noch als Naturforscher, rühmte sich, das Geheimniß der Zeugung zu erklären, indem er Elemente von einer freywillig=activen Materie voraussezte, die dazu bestimmt wären, durch ihre Vereinigung (reunion) alle organisirten Körper zu bilden, und die er deswegen organische Kügelchen (molécules organiques) nannte. Aber Bonnet sah wohl ein, daß die Idee von Materie der Idee von freywilliger Activität widerspreche, daß die Materie wesentlich träge und unfähig sey, sich von selbst den Anfang der Bewegung zu geben. Uebrigens würde die Voraussezung der Existenz dieser Materie nicht hinreichen, die Beständigkeit der Formen organisirter Wesen zu erklären: im Gegentheile würde die freywillige Activität dieser organischen Theilchen beständig fort neue Gattungen und unzählige Verschiedenheiten in den alten Gattungen hervorbringen. Man müßte denn noch eine Hypothese haben; man müßte die Väter und Mütter eines Individuums wie Modelle betrachten, in welchen die organischen Kügelchen Bestimmungen annehmen, kraft deren sie genöthiget sind, sich auf eine solche Weise zusammenzufügen, um wieder Wesen, denen ähnlich, woraus sie entstanden sind, formiren zu können; ein absurdes System, das entweder eine Reminiscenz, welche man sich in blos materiellen Wesen nicht denken kann, oder das verborgene Kräfte, die für uns schlechterdings unbegreiflich sind, voraussezte. Wohlan, so ist es dann besser, seine Unwissenheit frey zu gestehen, als sie unter Worten zu verstecken, die leer von Sinn, leer von reellen Begriffen sind.

Carl Bonnet hat einen sicherern Weg genommen; er hat die Natur um Rath gefragt; er ist von dem ausgegangen was wir sehen, um das zu erklären, was die Unvollkommenheit unserer Sinne uns nicht zu sehen erlaubt. Wenn ihr im Herbst den Zwiebel einer Hyacinthe von oben herab zertheilet, so werdet ihr im Herzen dieses Zwiebels die Blätter, den Stengel und die Blüte sehen, die im folgenden Frühling erscheinen sollen. Ihr könnet sogar in diesen Blumen die Rudimente oder wenigstens die Kapseln der Körner erkennen, welche diese Blüte hervorbringen und tragen wird. Ein Zwiebel aber ist selbst nichts anders als eine Art Saamenkorn; und die Eiche ist in der Eichel enthalten, wie der Stengel und die Blüte der Hyacinthe in dem Zwiebel enthalten sind, und darinn verborgen liegen. So ist dann die Zeugung nichts anders, als die Entwicklung eines Keims, der im Kleinen das Ganze eines Wesens umschloß, das aus ihm hervorgehen sollte.

Eben

Eben so verhält es sich bei den Thieren. Malpighy, indem er Eyer, von einer Henne bebrütet, von Tag zu Tag beobachtete, nahm wahr, daß das junge Huhn nichts anders ist, als die Entwicklung des in dem Ey enthaltenen Keims oder Hahnentritts. Der große Haller, indem er die nämlichen Observationen mit noch größerer Sorgfalt und Genauigkeit wiederholte, hat diese Wahrheit bestätigt; aber er hat noch mehr gethan, er hat bemerkt, daß in dem unbefruchteten Ey einer jungfräulichen Henne (poule vierge), das junge Huhn ganz gebildet vorhanden sey. Allein es ist ohne Leben. Die Befruchtung, die Fecundation ist es, die den im weiblichen Eyerstocke präexistirenden Keim belebt, seyen es Pflanzen oder Thiere. Aber in demselben Moment, worinn die Fecundation diesen Keim belebt, modificirt sie ihn; und durch diese Modification läßt sich die Aehnlichkeit der Kinder mit ihren Eltern erklären.

Ungern übergehe ich mit Stillschweigen die interessanten Fragen, welche sich in Menge aufdringen, wenn man das Princip der Entwicklung auf Maulthiere, auf Mißgeburten und auf, sowohl animalische als vegetabilische, Reproductionen anwendet, die man entweder durch Einschnitte oder

oder durch Ableger erhalten kann; doch muß ich von einer Frage dieser Art Meldung thun.

Oft sieht nach einem nassen Jahrgange der Landmann, der reines oder beinahe reines Korn ausgesäet hat, seine Erndte mit einer Menge Unkraut befleckt; und er ist geneigt zu glauben, die Feuchtigkeit verwandle das Korn in Unkraut. Im System der organischen Kügelchen Büffons, oder in jenem der equivoken Zeugungen des Aristoteles, würde nichts einfacher seyn, als diese Metamorphose; aber in dem System der Keime kann wegen dem unermeßlichen Unterschied, welchen auch der flüchtigste Beobachter zwischen der Form und allen Eigenschaften einer Kornähre und zwischen denen eines Unkrauts wahrnimmt — diese Metamorphose nicht angenommen werden. Da diese Frage eben so wichtig für den Ackerbau als für die Theorie ist, so glaubte Carl Bonnet, sie durch eine unmittelbare Erfahrung auflösen zu müssen.

Er nahm Gewächskästchen, die mit reiner oder Jungfernerde angefüllt waren, und säete darein Korn, welches er anfeuchten oder vielmehr das ganze Jahr hindurch überschwemmen ließ. Ungeachtet dieser fortdaurenden Feuchtigkeit, verwandelte sich doch das Korn nicht in Unkraut. Um eine

eine so interessante Thatsache mit der vollkommen‍sten Gewißheit festzusezen, wiederholte er diesen nämlichen Versuch vier Jahre nacheinander, und das Resultat war beständig eben dasselbe. So gibt es dann keine Metamorphose, und der Land‍mann der Unkraut einsammelt, hat es entweder seiner eigenen, oder der Nachläßigkeit seines Vor‍gängers zuzuschreiben.

Eine andere große Frage, die gleich wichtig ist für Theorie und Praktik, und worüber Carl Bonnet das hellste Licht verbreitet hat, nachdem er zuvor die gröste Arbeiten darauf verwendet hatte — ist die Frage vom Nuzen der Blätter bey den Pflanzen. Bis auf ihn hat man in den Blättern nur ihren direkten Nuzen gesehen, wie sie entweder zur Nahrung dienen können, derglei‍chen sind Kohl und Spinat, oder als eine Zierde, oder wie sie als eine Art von Parasol uns gegen die Strahlen der Sonne durch ihren wohlthätigen Schatten in Sicherheit sezen können. Carl Bon‍net vermuthete, und hat es durch eine Menge eben so entscheidender als sinnreicher Erfahrungen bewiesen, daß die Blätter einen weit wichtigern und allgemeinern Nuzen haben: er hat gezeigt, daß sie zur Nahrung der Pflanzen selbst dienen, an welchen sie wachsen; daß, gleichwie die Wur‍zeln

zeln nährende Säfte aus der Erde an sich ziehen, eben so die Blätter die in der Luft schwebenden und verbreiteten Dänste in sich saugen; und er hat daraus für den Ackerbau eine unendlich wichtige Folgerung gezogen; nämlich, daß die Pflanzen mit breiten Blättern, einen großen Theil ihrer Nahrung aus der Luft ziehend, die Erde nicht erschöpfen, oder sie doch ungleich weniger erschöpfen als die mit schmalen Blättern. So vermeiden es die Engländer, unsere Lehrmeister im Ackerbau, zwey Jahre nach einander auf den nämlichen Boden Korn, Rocken, oder andere grasartige Pflanzen mit schmalen Blättern auszusäen; sie wechseln ab mit diesen Gewächsen; und Erbsen, Bohnen, Steckrüben oder andere Hülsenfrüchte dieser Art, mit ihren breiten Blättern fast alles aus der Luft ziehend, lassen die Erde während dem Jahr ihrer Cultur ausruhen.

So werden Speculationen und Experimente, die nur die Theorie zu interessiren scheinen, und die uns aus diesem Grunde gleichgültig und so gar kindisch und gemein vorkommen, so werden sie, sage ich, endlich die Principien der nüzlichsten Wahrheiten, und die Grundstüzen der nährenden und erhaltenden Künste des menschlichen Geschlechts.

Aber

Aber ich ſchreite izt von dieſer phyſiſchen Welt hinüber in die Regionen der intellektuellen Welt, welche Carl Bonnet auch mit ſo großen und importanten Ideen bereichert hat, allzeit die Theorie der Entwicklung befolgend. Sein analytiſcher Verſuch über die Seelenkräfte, iſt ein Meiſterſtück dieſer Art. Wohlwiſſend, daß der Menſch, ſo wie ihn die Natur gebildet hat, ein allzucomponirtes Weſen iſt, als daß ſeine ſchwache Attention ſich über das Ganze verbreiten könnte, da ſich, mit allen ſeinen Sinnen begabt, und einer Menge gleichzeitiger Impreſſionen unterworfen, die Aktionen und Effekte aller dieſer Impreſſionen auf tauſendfache Weiſe vermiſchen und durchkreuzen; — ſchuf er ſich ſelbſt einen Menſchen, ſo wie er ihn brauchte, um die progreſſive Entwicklung aller ſeiner Kräfte zu verfolgen, ihrem Gang gleichſam Schritt vor Schritt nachzugehen; er ſupponirte ihn mit den vollkommenſten Organen begabt, aber alle ſchlechterdings neu und unberührt (vierges), und die noch niemals irgend einem Eindrucke oder ſonſt einer Perception ausgeſezt geweſen ſeyn dürfen. Er ſezte ihn ferner in einer ſolchen Lage voraus, wo er für jede andere Perception, diejenige, welche ſein Obſervator in ihm erwecken wollte, ausgenommen, unempfänglich war.

Hierauf erregt er bei ihm die einfachste aller Sensationen, die des Geruchs; er beobachtet die Wirkungen dieser Perception, darnach hemmt er die Aktion dieses riechenden Gegenstandes, und beobachtet die Effekte dieser Suspension; er erneuert sie darauf, hernach verändert er sie, und sieht also nach und nach die Entwicklung des Gedächtnisses, der Reminiscenz, des Vermögens zu vergleichen, der Urtheilskraft, und so fort gehend aller intellektuellen Kräfte.

Unser Mitbürger hatte schon den Plan zu dieser Arbeit ausgedacht und entworfen, als er vernahm, daß der Abt von Condillac in seinem Traité des Sensations auch die Idee gehabt habe, eine Statue zu beleben, indem er sie nach und nach die Impressionen ihrer Sinne wollte empfinden lassen. Erfüllt von Hochachtung für diesen gelehrten Metaphysiker, und voll Mißtrauen gegen sich selbst, glaubte er anfangs, daß die Arbeit des Abts von Condillac die seinige entbehrlich machen würde; aber als er sie geprüft hatte, sah er, daß dieß nicht der Gegenstand war, worüber er sich eine Idee gebildet hatte.

In der That, wenn man diese beyde Werke vergleicht, so wird man sehen, daß wenn man dem französischen Philosophen die Sagacität, die

Net-

Nettigkeit und die glücklichen Ideen nicht kann streitig machen, inzwischen das Werk unseres Mitpatrioten ihn unendlich übertreffe durch die Stärke, durch die Festigkeit und Sicherheit seines Gangs, und durch den Ernst, die äusserste Strenge und zugleich durch den Reichthum der Folgerungen, welche er aus seinen Principien zieht. Dieses Werk, hierin der Optik Neutons ähnlich, kann als der schönste Traktat, und als das schönste Exempel von der Kunst zu räsonniren, betrachtet werden.

Aber unser Mitbürger, ein strenger Logiker wie Neuton, wie derselbe ein christlicher Philosoph, von der Unsterblichkeit unserer Seele, wie er, überzeugt, hat die Entwicklung seiner Kräfte bis ins zukünftige Leben verfolgen wollen; und weil das Licht der Vernunft nicht hinreichend war, um damit in das Dunkel der Zukunft einzubringen, so hat er sich des Lichts der Offenbarung bedient; und er hat das süße und befriedigende Vergnügen gehabt, die vollkommenste Harmonie zwischen seinen religiösen und philosophischen Principien zu finden.

Und durch einen eben so glücklichen als sonderbaren Zufall, hat er selbst in den Insekten, dem ersten Gegenstande seiner philosophischen Be-

schäf-

schäftigungen, das schönste Sinnbild des Schick»
sals gefunden, welches die Offenbarung uns an«
kündigt.

Die Offenbarung lehrt uns, daß, nachdem
wir uns dieses sterblichen und groben Körpers
werden entlediget haben, wir alsdann mit einem
unverweslichen und verklärten Leibe hervortreten
werden.

Unser wirklicher Körper ist die Raupe; der
Mittelzustand zwischen Tod und Auferstehung ist
die Chrysalide oder Puppe, und der verklärte und
gloriöse Körper ist der Papillon. Carl Bonnet ist
zuverläßig der erste moderne Philosoph der dieses
schöne Bild aus der Natur aufgenommen, oder
wenigstens näher entwickelt und auseinander gesezt
hat. Es scheint aber eine ausgemachte Sache zu
seyn, daß den Alten dieß Bild nicht entgangen,
nicht unbemerkt von ihnen geblieben ist. Denn,
hätten sie es nicht gehabt, warum würden sie Flü»
gel eines Papillon an den Kopf des Anarago»
ras gesezt haben, der zuerst die Unsterblichkeit
der Seele lehrte? Ich selbst habe dieses Emblem
an einem antik gravirten Stein auf die frappan»
teste Art ausgedrückt gesehen. Eine Frau weint
bei einer Aschen=Urne, und bei einem zerbroche»
nen Bogen, während dem, daß ein Genius, der
ihr

ihr in der Luft einen Schmetterling zeigt, ihr zu sagen scheint: denjenigen, den du beweinst, wirst du dereinst unter einer schönern Gestalt wieder erblicken.

Carl Bonnet widmete der Entwicklung dieser so edlen und trostreichen Idee ein großes Werk. Er gab diesem Werke den Namen Palingenesie, ein griechisches Wort, welches so viel sagen will als Regeneration oder neue Geburt. In diesem Werke, welches er allen seinen andern Produkten vorzuziehen schien, verfolgte er mit der ganzen Stärke seiner Logik alles, was die menschliche Vernunft, von der Offenbarung unterstüzt, uns über den künftigen Zustand des Menschen und der Thiere gewisses, oder wenigstens höchst wahrscheinliches, sagen und kund thun kann.

Da überließ er sich wie Leibnitz, welchen er liebte, weil er ihn zu schäzen wußte, der so schönen und trostreichen Idee von der unbeschränkten Perfektibilität der empfindenden Wesen. Er sieht alle diese Wesen von dem Insekt an, welches uns das geringste scheint, bis auf den Menschen und die über den Menschen erhabene Intelligenzen, an Vollkommenheit und Glück unaufhörlich wachsen und zunehmen.

Über

Aber nicht nur über diesen Gegenstand hat er wie Leibnitz gedacht; wie derselbe, und durch besser gefolgerte Argumente, und mit mehr Adel und Energie ausgedrückt, behauptete er das System des Optimism: nämlich ein unendlich gutes Wesen habe sich bei der Schöpfung keinen andern Zweck vorsezen können, als das Glück der empfindenden Geschöpfe: dasselbe eben so unendlich weise als unendlich mächtige Wesen habe nothwendig die besten Mittel gekannt und angewendet, diesen Zweck zu erreichen; dieß Universum also schließe in seiner Totalität, nach gemachter Compensation des Uebels, die größtmöglichste Summe von Glück in sich. Vorzüglich hat er in seinen psychologischen Versuchen seine Ideen über die Kosmologie, und über die natürliche Theologie, entwickelt.

Ein mit Betrachtung der Natur allzeit beschäfftigter Mann, dessen Philosophie, selbst dessen Theologie, so süß und tröstend waren, mußte nothwendigerweise glücklich seyn, und diejenigen, so ihn umgaben, glücklich machen. Dieß war auch das Loos des Philosophen, dessen Andenken wir celebriren. Das Studium hatte für ihn die größten Reize, nicht nur im Moment der Contemplation, der eine Wollust für alle diejenigen ist, welche

che ihn zu genießen wissen, sondern auch im Augenblick der Composition, die für viele Autoren eine so penible Schwierigkeit ist.

Carl Bonnet wußte mit einer solchen Leichtigkeit seine Ideen auszudrücken, er fand für sie so glücklicherweise, um mich seines beliebten Ausdrucks zu bedienen, das Kleid, so ihnen passend war, daß er oft von dem Vergnügen der Composition oder Darstellung sprach. Wie glänzt sein Styl allezeit so herrlich von dieser Klarheit, von dieser Richtigkeit und von diesem Colorit, die aus der vollkommenen Harmonie des Ausdrucks mit dem Gedanken resultiren!

Vorzüglich aber war er glücklich, durch die Quelle des größten Glücks, dessen der Mensch empfänglich ist, durch das Glück, zu lieben und geliebt zu werden. Kein liebevolleres Herz gabs nicht als das seinige war. Die Freunde seiner Jugend waren auch die Freunde seines Alters; niemals hat eine Unruhe, niemals eine Wolke weder seine Freundschaft noch sein häusliches Leben verdunkelt.

Seine innigen Verbindungen mit dem großen Haller zählte er unter die vornehmsten Süßigkeiten seines Lebens. Die Correspondenz dieser zwey berühmten Männer, wofern sie jemals ans Tageslicht geßlicht kommt, wird eins der interessantesten Monumente von der literärischen Geschichte dieses Jahrhunderts seyn.

Die häußlichen Bande sind es, die am wesentlichsten zum Glücke beytragen. Von seiner Kindheit an, bis an seinen lezten Augenblick hat ihn die zärtlichste Freundschaft an seine Schwester, die Gemahlin des alten Premier Syndic, geborne Bonnet, angekettet; er fand in ihr eine Richtigkeit des Geistes und eine Instruktion, die so wenig gemein sind, welche, verbunden mit einem lebhaften Interesse für die Gegenstände seines Studiums, ihn die grösten Annehmlichkeiten in ihrem Umgange finden ließen.

Auch in dem Ehestand hat Carl Bonnet eine der Hauptquellen seines Glücks gefunden, und er hat dadurch ein Beyspiel von der Glückseligkeit gegeben, welche uns die Tugend in dieser Periode des Lebens kann genießen lassen. Wahr ist es, daß er in der Gefährtin, welche er sich auserkoren hatte, alle Tugenden fand, welche sein Herz liebte, und welche, vereinigt mit Anmuth, Geist und Grazie, nöthig sind, um dem mit profunden Meditationen beschäftigten Manne Erholung zu gewähren.

Jn

Indessen war der delicate Gesundheitszustand dieser so sehr geliebten Gattinn für Carl Bonnet von Zeit zu Zeit ein Beweis, daß kein vollkommenes Glück der Antheil des Menschen in diesem Leben seyn könne. Oft wurde sein Gemüth durch jene grausamen Bekümmernisse gefoltert, welche den allarmirten Augen das Ende einer Vereinigung anschauend machten, ohne welche das Leben nichts anders als eine Plage seyn kann. Aber selbst in diesen schrecklichen Momenten, welche Sanftmuth, welche Resignation, vereinigt mit der äussersten Sorgfalt, mit der delicatesten Attention! Und welche Belohnung hat er nicht dafür in der Zärtlichkeit derjenigen gefunden, welche eine glückliche Uebereinstimmung des Geschmacks und Karakters würdig machte, seine Gattinn und die Vertraute seiner Gedanken und seiner Arbeiten zu seyn, und die ihr Glück darinn fand, mit ihm einen immerwährenden Aufenthalt auf der Campagne zu theilen, selbst in einem Alter, wo Ergözungen und günstige Aspekten in der Welt die Eingezogenheit zu einem Opfer machen.

Im Jahr 1756 vereinigte ihn sein Geschick mit Maria de la Rive, der Schwester meiner Mutter. O! welch ein glückliches Ereigniß war diese Vereinigung für mich, die mich zum Neveu dieses

M ses

ses vortreflichen Mannes machte, weil ich kraft dieses Titels das Glück genossen habe, fast von meiner Kindheit an einen Meister, ein ohne Zweifel unnachahmliches Muster vor meinen Augen zu haben, dessen bewundernswürdige Eigenschaften aber allezeit der Gegenstand meiner Ambition seyn werden.

Er genoß die Befriedigung nicht, die für ihn höchst süß würde gewesen seyn, aus dieser Vereinigung Kinder entstehen zu sehen, deren Geist und Herz er nach seinen Principien würde gebildet haben; denn es war ihm lieb seine Ideen mitzutheilen, ihre Entwicklung zu verfolgen und sie selbst in den jungen Köpfen hervorzubringen. Er hatte aber Schüler die ihn tief verehrten, und denen sein Andenken allezeit theuer seyn wird.

Selbst Fremde, solche wie der Abt Spallanzani, einer der größten Naturforscher unsers Jahrhunderts, haben ihn über ihre Arbeiten zu Rath gezogen, haben sich gerne nach seinen Rathschlägen gerichtet, und haben sich mit dem Namen beehrt, seine Schüler zu heißen.

Glücklich war er auch durch die öffentliche Hochachtung, wovon er die eclatantesten Proben erhielt. Die berühmtesten Akademien in Europa
becifer=

beeiferten sich ihn zu ihrem Mitgliede zu haben. Vorzüglich schäzbar war ihm die Aufnahme in die Pariser Akademie der Wissenschaften, deren fremde Mitglieder sehr wenige an der Zahl sind, und womit ein einiger Genfer vor ihm war beehrt worden.

Aber unter den zahlreichen Zeugnissen der Achtung, welche er genossen hat, hat ihn keines stärker gerührt, als der Ausdruck der Erkenntlichkeit derjenigen, welche die Lektür seiner Werke auf dem Pfade der Tugend bestärkt und befestigt und selbst darauf hingeleitet hat.

Ich sehnte mich nach diesem Moment, um von seinen Untersuchungen über das Christenthum zu sprechen, ein Werk, in welchem er die ganze Stärke seiner Logik und die volle Eleganz seines Verstandes angewandt hat, um die Beweise von der Wahrheit und von der Vortreflichkeit der christlichen Religion zu entwikeln und auseinander zu sezen. Kein Lob schmeichelte ihm mehr, keines war für sein Herz entzückender, als die Danksagungen von Menschen, welche es einsahen, daß sie diesem Werke vorzüglich die Rückkehr zu einer Religion schuldig waren, welche sie vorher verkannten, und welche nach der Lektür seiner Untersuchungen für sie eine Quelle des Glücks und des

des innern Friedens geworden ist; und er hat die süße Befriedigung gehabt, Fremde zu sehen, die in der einigen Absicht nach Genf reiseten, ihm diese kostbare Huldigung darzubringen.

Dieß waren die Quellen, fürwahr die edelsten und reinsten Quellen des Glücks, das dieser Philosoph genossen hat, der dieses so oft entweihten Namens wahrhaftig würdig ist. Und gewiß, er hatte diese Tröstungen nöthig, denn er litt auch schmerzliche Beraubungen.

Zuerst nöthigten ihn seine Augen, geschwächt durch den Gebrauch, ich sollte sagen durch den Mißbrauch des Microscops, das Observiren aufzugeben, zu einer Zeit, wo die brillantesten Fortschritte ihm noch glänzendere Hoffnungen gaben.

Bald darnach blieb ihm sogar die einige Befriedigung nicht übrig, seine Gedanken selbst niederschreiben zu können. Aber vielleicht hat er auch dieser Unvollkommenheit seines Gesichts einen Theil des Verdienstes seiner Composition zu verdanken. In einer Zeit, wo schon die Schwachheit seines Gesichts ihm nicht erlaubte zu schreiben, und wo er noch keinen Sekretär hatte, sah er sich genöthigt, in seinem Kopfe alles, was er ausgedacht hatte, aufzubewahren, bis daß einer seiner Freunde kam und niederschrieb, was er
dictirte,

dictirte, und sein Gedächtniß von dem Pfande entledigte, das er demselben anvertraut hatte. Er sagt, daß es ihm begegnet sey, auf diese Weise bis auf sechzig Seiten in Quart aufzubewahren, die alle in seinem Kopfe in Ordnung gebracht worden seyen. Aber man sieht leicht ein, daß, indem er sichs also zur Gewohnheit machte, in seinem Gehirn alle seine Correktionen und Raturen vorzunehmen, und indem er auf einmal unter den Augen seines Verstandes eine so große Masse von Ideen conservirte und daliegen hatte, daß er ihnen, sage ich, eine Reiffe, einen Zusammenhang gab, welche sie nicht leichtlich erhalten, wenn man sie aufs Pappier hinwirft, in dem Maaße, wie man ihrer habhaft wird.

Ein anderer Sinn, dessen Unvollkommenheit diesem vortrefflichen Manne sehr zur Last fiel, ist der des Gehörs. Genöthigt, sich eines Hörrohrs zu bedienen, konnte er sich mit nicht mehr als einer Person auf einmal unterhalten; aber auch seine Unterhaltung gewann an Energie, was sie an Ausdehnung verlor. War jemals die Conversation eines Mannes beseelter und interessanter! Ohne, weder mit seinem Wissen, noch mit seiner Tugend groß zu thun, und darauf stolz zu seyn, übergoß er euern Verstand mit Fluthen von Licht, und umfieng euer Herz mit jener Liebe, die der Tugend eigen ist.

Zu diesen Unfällen gesellten sich noch beschwerliche und schmerzhafte Krankheiten, Anfälle von Brustbeschwerungen, begleitet von den penibelsten Bangigkeiten.

Und diese Krankheiten zog er sich vielleicht durch lange und anstrengende Arbeiten zu, welche er unternahm, um seine Werke zu vollenden und sie zu perfektionniren.

Im Jahr 1775 wünschte eine Compagnie von Buchhändlern aus Neuschatel alle seine Werke unter einerley Format wieder neu aufzulegen. Er suchte es ihnen auszureden; seine Bescheidenheit ließ ihn befürchten, diese Unternehmung möchte nicht den Erfolg haben, den man davon hoffte.

Da aber die Buchhändler darauf beharrten, so wollte er diejenigen seiner Werke in Revision nehmen, welche die neuesten Entdeckungen einer Vollkommenheit fähig machten, am meisten aber die Betrachtungen der Natur. Dieß Werk, wovon ich noch nicht gesprochen habe, ward im Jahr 1764 bekannt gemacht, und hatte damals den grösten Succes.

Dieß

Dieß ist eine Gallerie von Gemählden, wo alle Werke der Natur mit den lebhaftesten und brillantesten Farben gemahlt, und darneben mit einer Wahrheit und Simplicität dargestellt sind, die sie auch für die eingeschränktesten Leser verständlich macht.; ob sie schon zu gleicher Zeit die grössten Ideen und die schönsten Veranlassungen zur Meditation in dem Verstande der aufgeklärtesten Leser erwecken.

Dieß Werk schilderte den Zustand der natürlichen Wissenschaften, wie er in dem Momente war, worinn es geschrieben wurde: aber diese Wissenschaften machten seit der Zeit unermeßliche Fortschritte; er wollte dasselbe auf ihren wirklichen Zustand hinführen, und dazu brauchte es große Arbeiten. Vergebens suchte seine treue Gefährtinn, die ohne Aufhören für seine Gesundheit wachte, ihn von diesem Vorhaben abwendig zu machen; er brachte es zu Stande, und es ist unstreitig, daß von da an seine Gesundheit unwiderbringlich zerstört wurde; indessen schien die unausgesezte Sorgfalt seiner Verwandten, geleitet durch den Rath seines geschikten und eifrigen Arztes, bisweilen seine Gesundheit vollkommen wieder herzustellen. Allein zu Ende des lezten Septembermonats schien er in einer so großen Gefahr zu

zu seyn, daß man ihn zu der Entschließung, die
ihn aber viel Ueberwindung kostete, überreden
mußte, seinen paradisischen Aufenthalt in Genthod
zu verlassen, wo er seit sechs und zwanzig Jäh=
ren lebte, und wo er seine Tage zu beschließen
hoffte.

Man brachte ihn zu einem solchen Momente
in die Stadt, wo die Gefahr, womit man sie
bedroht glaubte, so viele Leute bewog, dieselbe
zu verlassen. Doctor Butini hat ihn besorgt, ich
sollte sagen bedient, wie der zärtlichste Sohn, hat
für ihn alle Hülfsmittel seiner Kunst aufgeboten,
die seiner Jugend ungeachtet ihm schon so gut
bekannt sind, und hat in der That ein Leben ver=
längert, welches er schon vor dieser Epoche seit
langer Zeit verlängerte. Seine Gattinn, obgleich
schwach und krank, hat ihn fast weder Tag noch
Nacht verlassen; die Hoffnung, ihn durch ihre
Sorgfalt zu erhalten, gab ihr Kräfte, die zu ei=
nem Beweise für die Existenz der Seele und ihren
Einfluß auf den Körper, dienen könnten. Oft
glaubten wir ihn gerettet zu haben. O! Wie
rührend, wie interessant war es, ihn während
diesem langen und beschwerlichen Kampfe zu beob=
achten!

Als sein Gehirn durch eine Anstrengung des
Geistes, die er sein ganzes Leben hindurch unter=

hal=

halten hatte, ermüdet und geschwächt war, so begegnete ihm, was Neuton, Pascal und so viele andere vortrefliche Genien erfahren haben: seine Krankheit warf sich zuweilen auf die Nerven, alsdann hatte er Visionen, die ihn anfangs täusch= ten, aber hernach erkannte er ihre Täuschung: ein andermal war er durch schreckliche und ver= drießliche Ideen geplagt, die keinen reellen Grund hatten, und die man ihm nur mit vieler Mühe ausreden konnte.

Aber mitten unter diesen peinigenden Täuschun= gen strahlte die Güte seines Herzens allezeit im reinsten Glanze: er sehnte sich unaufhörlich nach dem Momente, wo er denjenigen verzeihen könnte, über welche sich zu beklagen er am meisten Ursa= che zu haben glaubte.

Selbst sein Verstand, obgleich damals über einige seiner Theile mit einem Schleyer überzo= gen, behielt übrigens doch die vollkommenste Klar= heit bei. Oft communicirte ich ihm in diesen pe= niblen Momenten, um ihn zu zerstreuen, einige neue Observationen aus der Physik, oder aus der Naturhistorie, oder irgend eine Idee aus der Me= taphysik; alsdann wenn seine Aufmerksamkeit auf diese Gegenstände gerichtet war, so sprach er da= von mit einem Zusammenhang, mit einer Geistes=

gegenwart, die bewundernswürdig waren; sich zu-
rückrufend was die Gelehrten über diese nämlichen
Gegenstände gedacht hatten, und ihre Meynungen
vergleichend, eben so gut, und vielleicht noch besser als er es bei der vollkommensten Gesundheit
würde gethan haben.

Aber vorzüglich was sein Vaterland interessir-
te, hatte das Recht ihn zu beschäftigen und zu zerstreuen. Niemals hat ein Bürger dasselbe mit
einer so brennenden und reinen Liebe geliebt. Gebunden an desselben Religion, an die alten Ideen,
und an die alte Obrigkeit, aber zugleich angekettet an sein Vaterland mehr als an irgend eine Parthey, — verfolgte er die Arbeiten der National-
Assemblee, und verlangte mit dem lebhaftesten
Interesse von mir Neuigkeiten darüber zu erfahren.
Und seine Bescheidenheit erlaubte ihm nicht daran
zu denken, daß er von dieser Versammlung die
größten Ehrenbezeugungen erhalten würde, die jemals einem Genfer zuerkannt worden sind.

Unterdessen, ob er gleich noch einige wahrhaft
glücklichen Momente hatte, so wurden doch seine
Beängstigungen so häufig und so heftig, daß er
sich nach deren Ausgang herzlich sehnte, und daß
er, ungeachtet der höchst religiösen Resignation,
Gott oft bat, ihn zu sich zu nehmen. Seine
Wün-

Wünsche wurden erhört. Am Abend des lezt verflossenen neunzehnten May ward er durch einen Anfall von Brustbeschwerung ergriffen, den kein Mittel besänftigen konnte. Die Unordnung und Schwachheit seines Pulses gaben zu gleicher Zeit die schlimmsten Vorbedeutungen. Wir, sein Arzt und ich, gaben uns alle mögliche Mühe, seine Schwester und Gattinn zu entfernen, aber nichts konnte sie bewegen sich von ihm zu trennen. Dies herzzerreissende Schauspiel wird meinem Gedächtnisse immer gegenwärtig seyn. Dies Meisterstück und Muster, fast möcht' ich sagen, dies Ideal von Tugenden, von Wissenschaft und von Genie auf dem Punkte sich zu destruiren, oder wenigstens für uns destruirt zu werden; die grausamen Seufzer von Beängstigungen, vermischt mit den durchdringenden Accenten der Anrufung und Resignation; und neben ihm diese geliebte Gattinn, die lezten Zeugnisse seiner Zärtlichkeit empfangend, sich mit dem Bittersten, was dieses Schauspiel an sich hatte, beschäftigend und ganz davon durchdrungen, in der Hoffnung, daß der Schmerz im nämlichen Augenblicke ein Leben enden werde, welches für sie hinführo nichts anders, als eine Last seyn könne..... Aber laßt uns unsere Augen von dieser Scene des Schmerzens wegwenden.

Ohne

Ohne Zweifel genießt er jezt diese süße Zurück-erinnerungen, wovon ihm sein Leben eine so große Auswahl darbietet; und wenn im zukünftigen Stande, womit er sich so sehr beschäftigt hat, das Glück mit den moralischen und intellectuellen Vollkommenheiten im Verhältnisse steht, welch Glück wird größer seyn als das Seinige!

Möchten wir uns, meine theuersten Mitbürger, mit der Hoffnung schmeicheln dürfen, daß ein öffentlicher und veredelter Unterricht, und vorzüglich die große Aufmunterung, die Sie den Tugenden und Talenten geben, durch die Ehre, welche Sie dem Andenken jener Männer erzeigen, die mit diesen vortrefflichen Eigenschaften begabt waren, — ja, möchte dies unserm Vaterlande recht oft Bürger von solchem Verdienste schenken, und möchte es Gelegenheiten darbieten, Sie für ähnliche Ceremonien zu versammeln!

Carl Bonnet ist nicht todt?
  Er lebt in seinen Schriften;
Dem Weisen von Genthod
  Will ich dies Denkmahl stiften.

Ich

Ich stund bei seiner Gruft,
 Und stund auf Genthods Hügeln;
Sah' Himmel, Erd' und Luft
 Im Zauber=See sich spiegeln.

Ich war an jenem Tag
 Just in Geneva's Hallen;
Und hörte Schlag auf Schlag
 Carl Bonnets Lob erschallen!

Der Triumph der Wahrheit.

Auf, Dichtkunst! Laß dich jauchzend hören;
  Denn seht, die Lehre Jesu siegt!
Frohlockend schallt es in den Sphären,
  Wohin mein Geist lobpreisend fliegt.

Der Ewigkeit will ich verkünden:
  Daß Gott auf Erden König ist;
In aller Welt, an allen Enden,
  Sey hochgelobet Jesus Christ!

O Menschheit! freu dich mit Entzücken!
  Die Gottheit ist dir fühlbar nah'!
Mein Jubel ist nicht auszudrücken;
  Denn Christi Majestät ist da!

Die Majestät des Himmels sieget;
  Und bringt der Erde Heil und Glück!
Ein Glück, das alles überwieget,
  Und nimmt es nimmermehr zurück!

Zwar

Zwar manch Jahrhundert ist verflossen;
 Bis Christi Geist gesieget hat.
Frohlockt, ihr, seines Reichs Genossen!
 O Zion! Du bist Gottes Stadt!

Gott in der Höh, sey Lob und Ehre!
 Und auf der Erde Fried' und Ruh!
Du, Christus, bringst durch deine Lehre,
 Den Menschen Glück und Segen, du!

Und Nacht und Dunkelheit verschwinden;
 Das Licht des Himmels bricht hervor;
Und wird sich nimmer von uns wenden.
 Auf, Brüder, auf, schwingt euch empor!

Was ist das Daseyn auf der Erden?
 Nichts, als ein Augenblick von Zeit.
Wo wir nur vorbereitet werden
 Zum Leben einer Ewigkeit.

O! laßt den Freygeist sich erheben,
 Den Spötter der Religion!
Wir glauben an ein ewig Leben;
 Und ehren dich, o Gottes Sohn!

Und lieben dich in deinen Gliedern;
 Und beten deine Gottheit an!
Und üben das an unsern Brüdern,
 Was du an Allen hast gethan!

Will die Vernunft den Glauben höhnen,
 Den Glauben an dein göttlich Wort?
Vergib, o Gott, vergib es ihnen!
 Und sey den Thoren gnädig dort!

Spricht nicht Verstand aus jenen Büchern,
 Die deines Geistes Werke sind;
Und die der Wahrheit uns versichern,
 Wenn man sie prüfend liest und kennt?

Wollt ihr das Buch des Himmels meistern,
    Ihr Philosophen dieser Zeit?
Bringt nicht dies Buch verklärten Geistern
    Entzücken, Heil und Seligkeit?

Sagt, ist ein Buch auf dieser Erden,
    Das so viel Göttliches enthält?
Dies Buch wird aufgenommen werden,
    Von jedem Volk, in aller Welt.

Laßt euch die Griechen unterrichten,
    Von Gott und von Unsterblichkeit!
In ihren Reden und Gedichten
    Herrscht Irrthum, Wahn und Dunkelheit.

Ich höre den Apostel reden;
    Er spricht mit Klarheit und mit Kraft;
Und spricht verständlich für den Blöden,
    Und macht ihn fromm und tugendhaft.

Und sollte sich ein Weiser schämen,
 — Doch nein, ein Weiser wär' er nicht! —
Das Wort des Himmels anzunehmen?
 Das Buch, das so erhaben spricht?

Das Wort der Wahrheit war vorhanden,
 Die Weisheit Gottes war schon da;
Noch eh' die Schöpfung da gestanden;
 Denn durch dies Wort entstand sie ja!

Das Wort vom Kreuz wird triumphiren;
 Wird siegen über Schmach und Hohn!
Die Wahrheit wird allein regieren;
 Geschützt von dir, o Gottes Sohn!

Was wollt ihr denn, ihr frechen Rotten?
 Ihr Spötter der Religion!
Der Herr wird eurer Bosheit spotten;
 Und spricht euch ewig Schmach und Hohn!

Europa prangt im Glanz der Sonne;
: Die Wahrheit strahlet hoch und klar!
Religion, du Himmelswonne!
: Dir bring' ich dieses Opfer dar.

Wann wird, wann wird erleuchtet werden,
: Die Völker-Schaar in Asia?
Die Völker auf der ganzen Erden;
: Im Westen und in Africa?

Wann wird die Wahrheit auf der Erden
: Das Eigenthum der Menschheit seyn?
Wann wird die Tugend herrschend werden?
: Wann wird sie glänzen hoch und rein?

Die Menschheit ist in großen Nöthen;
: Verheerend ist der wilde Krieg;
Wo Tausende sich wüthend tödten. —
: Sohn Gottes, rüste dich zum Sieg!!!

www.ingramcontent.com/pod-product-compliance
Lightning Source LLC
Chambersburg PA
CBHW020908230426
43666CB00008B/1360